Marc Tornow

Walking on the wild side

Walking on the wild side

Spaziergänge durch das Vereinigte Königreich und seine Vorhöfe

Marc Tornow

Bibliografische Information der Deutschen Nationalbibliothek:
Die Deutsche Nationalbibliothek verzeichnet diese Publikation in der
Deutschen Nationalbibliografie; detaillierte bibliografische Daten sind
im Internet über http://dnb.dnb.de abrufbar.

Bildnachweis / Fotografien: Marc Tornow

In diesem Band wird zur Benennung von Gruppen teilweise nur die
maskuline grammatische Form verwendet. Dies dient der besseren
Lesbarkeit, gemeint sind alle Geschlechter.

Herstellung und Verlag: BoD – Books on Demand, Norderstedt

ISBN: 978-3-7526-7047-9

Inhaltsverzeichnis

Vorwort

Stilecht – an Bord einer Nordseefähre – begann meine erste Reise nach Großbritannien. Die Passage führte von Hoek van Holland hinüber nach Harwich. Drei 16-jährige Grünschnäbel, unterwegs im Sommer 1989 auf die britische Insel. Die erste Auslandsreise. Allein. Vom kolonialen Erbe des Britischen Empires hatten wir, meine Freunde und ich, vielleicht eine Vorstellung, von Maria Stuart eine vage Ahnung, von einem Hadrianswall noch nie zuvor gehört. Stattdessen spülten uns Glück und die Großzügigkeit von über fünf Ecken bekannten Gastgebern nach Wandsworth Common. Kostenlos durften wir im gänzlich konventionell britischen Londoner Vorort bei einem gastlichen Asylrechtsanwalt und seiner Frau nächtigen. Doch erst einmal war das teuer erstandene Interrail-Ticket wertlos: die südenglischen Eisenbahnen streikten. So rafften wir im Gedränge der gestrandeten Pendler an der Victoria Station unsere Pfundnoten für eine unnötig luxuriöse Taxifahrt zusammen und fuhren das letzte Stück im „Black Cab", über die Themse hinweg und bis in jene Straße mit Reihenhäusern des immer gleichen Typs und den exakt gleich gerasterten Schornsteinen.

Rund 30 Jahre später – nach vielen Reisen, manchmal sogar mehrmals jährlich in Richtung England, Wales oder Schottland sowie der im Besitz der Krone befindlichen vorgelagerten Inseln – ist mir dieses Land jenseits von Nordsee und Ärmelkanal ans Herz gewachsen. Vertraut von beruflichen und privaten Aufenthalten, bei denen sich der Vorhang jeweils immer ein Stück weiter öffnete. Zurück „auf den Kontinent" – wie der restliche Großteil Europas schon zu Zeiten der ersten Visite genannt wurde, ganz so, als lebte man im Vereinigten Königreich am anderen Ende der Welt, auf einem eigenen Kontinent – habe ich Momentaufnahmen mitgenommen, die im vorliegend Band gesammelt sind und keinesfalls den Anspruch auf Vollständigkeit erheben. So und so ist Großbritannien nicht, sondern so und so habe ich es wahrgenommen – abseits von weltbekannten Postkartenmotiven. In manch scheinbar unspektakulärer Seitenstraße, teilweise nur einen Steinwurf von den Wahrzeichen entfernt, ergeben sich spannendere Eindrücke als sich auf den ersten Blick vermuten lässt. Es sind diese abgewandten, weniger heimeligen Seiten des Landes, die eben besonders viel über seinen Charakter verraten. Genau diese Facetten sollen hier in 30 Impressionen vorgestellt werden. Charakteristika eines Landes, das sich aufmacht, künftig ohne eine Mitgliedschaft in der Europäischen Union auszukommen.

Bei dieser Reise in kleinen Geschichten, die unter anderen vom Süden in den mittleren Westen Englands, hinüber nach Wales, auf die Kanalinseln, zurück nach England, durch London und in seine Umgebung sowie schließlich hoch nach Schottland führt, schieben sich persönliche Eindrücke übereinander. Pittoreske Landschaften sind die Kulissen oder besser noch die Bühnen für skurrile Begebenheiten, die ganz und gar den Eigenarten der auf „der Insel" lebenden Menschen entspringen. Ihre liebenswerte Kultur und ihre kauzigen Eigenarten, der überwältigende Humor und die damit verbundene angenehm leichtfüßige Gangart – sie treten bei einem Rundgang auf der wilden, der von vielen Reisenden abgewandten Seiten des Königreichs in Erscheinung. In einem Land, dessen bekannteste Unbekannte noch das rechtsseitig eingebaute Lenkrad ist, dessen Regionen jeweils über eigene Banknoten verfügen, ist das nächste Staunen nie sehr weit. Und so liegen natürlich längst schon die Pläne für weitere Reisen in der Schublade: nach Stoke-on-Trent, Lee-on-Solent oder Henley-on-Thames. Warmly welcome.

Ankunft in Großbritannien

Favourite Things
Woking, Süd-England, 2011

„Metro Inn?", fragt ein Kollege und hebt kritisch eine Augenbraue. Natürlich war es genau dieses Hotel und natürlich beflügelte die plötzlich im Raum stehende Skepsis die Neugier auf das, was sich bald als eine Portion rustikale englische Lebensart herausstellen sollte. Schon steckte der Gast vom Kontinent mitten im britischen Alltag. Einer Melange, Pardon: Mixtur, die reichlich Plastik und verkappten Punk enthalten sollte. Durchschnittliche Verhältnisse, ließe es sich auch charmant umschreiben. Trash, um nicht zu sagen Kitsch. Doch noch war es nicht soweit.

Wieder mal war eines zum anderen gekommen, und als Teilnehmer für eine Medienkonferenz führt mich diese Dienstreise über Nordsee und Ärmelkanal hinweg ins englische Woking südlich von London. Ein ehrenvoller wie spannender Auftrag, immerhin ging es „drüben" um die Abstimmung einer internationalen Kommunikationsstrategie für die nächsten Jahre in einer global vernetzten Organisation. Und endlich bot sich dabei eine Gelegenheit, vor den Toren Londons – sozusagen im Windschatten weltbekannter Sehenswürdigkeiten – Einblicke in die Berufs- und Arbeitswelt bei unseren britischen Freunden zu gewinnen. Großartig die Aussichten, aber groß auch die Nervosität kurz vor dem Abflug: Ein isländischer Vulkan war plötzlich ausgebrochen und spie fortwährend flockige Asche in die Atmosphäre. Stündlich flimmerten die aktuellsten Nachrichten zur veränderlichen flugtechnischen Katastrophe über die Bildschirme zwischen Neufundland und Sardinien. Auf der Nordhalbkugel befanden sich nahezu alle Länder in Alarmbereitschaft, ebenso der Norden des Vereinigten Königreichs. Dort waren – abhängig von der Windrichtung – etliche Flughäfen bereits geschlossen worden, Tausende Passagiere saßen im schottischen Aberdeen, Edinburgh, Glasgow und Inverness fest. Eine tolle Situation.

Doch jetzt, da die Motoren sonor arbeiten, glänzt unter der Tragfläche des Jets die Nordsee. Darüber schillert im abendlichen Sonnenuntergang der Himmel in kräftigen Farben – alles wird gut.

Die eng bestuhlte Maschine nimmt pünktlich Kurs auf die Insel. Nein, die Vulkanasche beträfe diesen Teil Europas derzeit nicht und die „distinguished guests" – die verehrten Gäste – sollen sich bitte keine Sorgen über die Sicherheit dieses Airbus machen, verkündet der Kapitän, gewinnende Autorität ausstrahlend, über Lautsprecher. Unten flammen an Frachtschiffen und Fähren Lampen auf. Aber von maritimem Flair ist auf 10.000 Metern nichts zu spüren: Im Minutentakt preist die Besatzung ihre Waren aus dem Bordshop an. Neben vakuumverpackten Broten mit Schinken oder Schmelzkäse, die wochenlang liegenbleiben und fortwährend irgendwohin weitergeschafft werden können, ohne dabei etwas an ihrer Konsistenz einzubüßen, gibt es in der Mikrowelle liebevoll zerlassene Pizzateile und eine Auswahl an Getränken. Für klingende Pfund und Euro werden auch Zeitungen, Zugfahrkarten, Hotelgutscheine oder Lotterielose verkauft. In bestem Oxford-Englisch verwandelt sich die Kabine der britischen Billigfluglinie zu einer Art Krämerladen, mit einem erstaunlichen Sammelsurium an nützlichen und überflüssigen Artikeln, also Trash, unnützem Zeug, welches ob seiner opulenten Kunststoffverpackungen bald schon für ein allgemeines Knistern und Rascheln sorgt. Die Flugreise gerinnt zu einer furiosen Verkaufsshow und mittendrin, ohne eine Chance auf ein Entrinnen, die werten Passagiere.

Irgendwie geht dieses Programm auch gleich nach der Ankunft auf dem Flughafen Gatwick weiter: Ein Gigant aus Beton in allen möglichen Facetten von Grau und in der wunderschönen Natur der Grafschaft West Sussex gelegen. Drogerien verkaufen hier belegte Brote in Cellophanfolie, Zeitschriftenläden Drogerieartikel und Bücher sind aus Automaten erhältlich. Die Flure dazwischen behütet die neueste Sicherheitselektronik. Kameras überall samt spitzfindigem Personal, das rasch zur Stelle ist, wenn irgendwo ein Fotoapparat klickt. Es bedürfe einer „permission", einer Genehmigung, die eben gelandete Maschine im Bild festzuhalten, lautet die wenig herzliche Eröffnung. Das Fragezeichen im Kopf wird größer. Wen könnten schon die Aufnahmen eines unterdurchschnittlichen britischen Billigfliegers auf einem jährlich von Hunderttausenden Passagieren frequentierten Flughafen interessieren oder diesbezüglich Anstoß erwecken? Denn zeitgleich stand bis eben noch die Annahme im Raum, dies sei nicht nur Europa, die Europäische Union, sondern auch die Heimat der Magna Charta, einer Art Grundrechtskatalog, der 1215 das Fundament für eine der ältesten Demokratien der Welt legen sollte.

„Warum dürfen hier denn keine Aufnahmen gemacht werden?" hinterfragt der ertappte Reisende die aus untergegangenen Ostblock-Staaten bekannte Gangart. „Weil es die Regel ist", schnaubt eine ungeduldig auf Beendigung dieser Situation wartende Uniformierte. Den Einwand, dass es doch meist „die" Deutschen seien, die „crouts", denen der Hang zu Recht und Ordnung voraneile, schenke ich mir, sondern lenke meine schnellen Schritte zur Einreise – und ins Nichts.

Warum klappt eigentlich niemals eine vorbestellte Abholung an den großen internationalen Flughäfen, so wie verabredet und bezahlt? Nie war bisher auf Anhieb der bestellte Chauffeur zur Stelle, wenn das Flughafengebäude erreicht war. Ob in Neu-Delhi, Moskau oder nun London. Nirgendwo konnte ich nach der Landung sogleich ein Schild mit meinem Namen in der Menschenmenge ausmachen. So auch jetzt in London Gatwick Airport nicht. Eine ehrliche Entschuldigung vortäuschend, reißt der telefonisch erreichte Business-Coordinator der Firma Woking Taxi schließlich seinen vorfristig in die Nachtruhe gesunkenen Fahrer aus dem Schlaf. Der Wagen sei in Wahrheit vor Ort, lügt die Stimme mit stark südasiatischem Akzent am Apparat. Und tatsächlich – knapp eine Stunde nach der verabredeten Zeit taucht ein älterer Herr in grauem Parka unter dem grellen Flutlicht des Ankunftsbereich von LGW auf. For heaven's sake!

Durch Tunnel und Gänge, im Umbau befindliche Treppenhäuser – irgendwo ist hier immer ein Gebäudeteil unter Plastikplanen verschwunden – geht es im Stechschritt weiter ins Parkhaus, wo die „Limousine" wartet, ein umgebauter Vauxhall. Hinaus in die Nacht jagt der Schlitten. Mit ansehnlichen 95 mph, rund 150 km/h und damit 40 km/h zu schnell, sucht der redselige Pakistani die Verspätung wieder wettzumachen. Was am Ziel selbstverständlich zum Anlass genommen wird, um ein ordentliches Trinkgeld einzufordern.

Draußen fliegen die historischen Cottages von Surrey wie Schatten vorüber. Gärten mit akkurat gestutzten englischen Rasen vor mondänen Häusern, an deren Toren bisweilen britische Nobelautos parken. Durch eine hügelige Landschaft windet sich bald der Motorway M21. Die vierspurige Autobahn verläuft südlich der Hauptstadt, deren schillernde Skyline aus gläsernen Bürogebäuden am Horizont wie Diamanten an einer Kette blitzt. Die Türme funkeln deutlich sichtbar in der Distanz, da quert das Fahrzeug schon eine breite Brücke; die opulente Hauptstadt-Autobahn mündet unvermittelt in einer Gasse. Die Vororte von Woking entpuppen sich als beengte Arbeiterviertel: Zweigeschossige schmucklose Blöcke mit den obligatorischen Schiebefenstern, wie sie überall im Vereinigten Königreich zu finden sind. Die menschenleeren Straßen mit ihrer inzwischen aufgeflammten gelben Beleuchtung verleihen dem Ort etwas Unheimliches. Bis das „Metro Inn" erreicht ist, grell ausgeleuchtet wie Windsor Castle selbst. Abendliche Sperrstunde draußen und Kehraus in allen Kneipen. Auch gegenüber. Schwankende Skinheads verlassen den Pub durch eine Flügeltür mit Messing beschlagenen Griffen und Scharnieren. Der goldene Schein der Applikationen lässt ihre Glatzen kurz aufleuchten. Ich wende mich ab und blicke in das lächelnde Gesicht eines Mannes mit offensichtlich afrikanischen Wurzeln: „Welcome to the UK", lächelt der Hotelier, „Willkommen in Großbritannien".
Alles ist bereits vorbereitet. Eine Projektmappe wandert mit dem Zimmerschlüssel über das braune Funierholz des Tresens. Zusammen mit einem Pappbecher für einen kostenlosen Umtrunk: Orangenlimonade aus dem öffentlich zugänglichen Zapfhahn neben dem Fahrstuhl. „Auf Kosten des Hauses", lächelt der Nachtportier. Das mag die fleckigen Teppiche in Fluren und auf Treppenabsätzen erklären, wie auch oben im muffigen Zimmer selbst. Dort pfeift durch fingerbreite Spalten am Fenster der Wind. Dabei hängt dahinter noch eine zweite Reihe Schiebefenster, deren Mechanismus es aber nicht zulässt, für echte Offenheit zu sorgen. Eine der zwei Rahmenhälften rutscht bei jeder Bewegung automatisch vor die andere, sodass weder richtig gelüftet, noch eine der vielen Scheiben sauber gemacht werden kann.

Einen Speisesaal hat das „Metro Inn" nicht. Natürlich nicht, sonst hätte der Portier sich am Abend nicht nach der gewünschten Frühstückszeit erkundigt. Und so schiebt der Zimmerkellner – im Gegensatz zum örtlichen Taxiunternehmen pünktlich zur verabredeten Stunde – nach respektvollem Anklopfen und mit gehöriger Diskretion ein üppig beladenes Tablett durch die halb geöffnete Türe. In aller Schnelle und in aller Bescheidenheit: Croissants einzeln in Cellophan, Chester-Käse, jede Scheibe einzeln verschweißt, Plastikbesteck, das wiederum in Plastikfolie steckt. Instanthappen zum selbst anrichten also, auf den Schreibtisch damit. Da brodelt es unten schon im Wasserkocher. Der steht denkbar ungünstig an die einzig frei zugängliche Steckdose im Zimmer angeschlossen auf dem fleckigen Teppichboden. Der Wasserdampf zieht über den riskant dicht installierten Fernseher, auf dem die BBC World News laufen. Aus einem dünnen Plastikbriefchen rieseln die angebotenen Cappuccino-Flocken in einen weißen Becher. Einfach heißes Wasser drüber, umrühren, fertig. Der Trunk schmeckt haargenau wie der Kakao, den ich noch nachts aus einem ganz ähnlich aussehenden Plastikbriefchen befreit und aufgebrüht hatte.

Hinter den verklemmten Schiebefenstern wird so etwas wie ein altmodischer Stadtkern sichtbar. Mit „Fish&Chips"-Buden, gut besuchten Pubs und Läden wie Heather's Bakery. In der Backstube gibt es nur eine sehr übersichtliche Auswahl an Pies und daher kaum Kundschaft. Gleichwohl ein liebenswertes Kleinstädtchen, mit Kanälen, Schleusen und umringt von soliden Bürowürfeln aus der Zeit von Margaret Thatcher, über dem jetzt die Sonne lacht. Beim zweiten Croissant berichtet BBC live von der vertrockneten Apfelernte rund um Newport. Der Flughafen Gatwick stellt in diesen Minuten wegen der Vulkanasche seinen Betrieb ein. Hoher Staatsbesuch ist trotzdem eingetroffen: Irgendeine Eskorte mit Cadillac hält soeben vor dem House of Parliament in London. Doch da rufen schon die Kollegen MacDonald, Hamilton und Daynes, das Meeting zur globalen Kommunikationsstrategie und weitere Gäste warten, in einem der klotzigen 1980er-Jahre-Bauten.

Wohn- und Industriegebiet in Manchester

Raue Schale, weicher Kern
Manchester, Nordwest-England, 2012

Es trifft wie ein Schock, überraschend und im herrlichsten Abendlicht, als der Zug durch eine sanfte Hügellandschaft rollt und schließlich die Vororte von Manchester erreicht. Es ist einer der rumpelnden Triebwagen mit den markant leuchtend gelb lackierten Steuerkabinen, dessen Motor dröhnend in Richtung Piccadilly Station befördert, dem örtlichen Hauptbahnhof. Schon die Außenbezirke der einstigen Arbeitermetropole bieten frappierende Aussichten auf ihre Ruinen: Gewaltige Backsteinkompositionen, Lagerhallen und Fabrikgebäude. Die Kathedralen der Industrialisierung hatten größtenteils im 19.-Jahrhundert ihre Hochzeit und sind – wie die vernagelten Bretter vor hohlen Fenstern verraten – schon lange geschlossen. Als Spiegel eines wirtschaftlichen Niedergangs klaffen diese ehedem prächtigen Mauern der Montan- und Textilindustrie nun wie morsche Fremdkörper in der Stadtlandschaft. Überwältigend wirkt der Gegensatz von dem, was offensichtlich einst war, und dem, was heute geblieben ist. Denn ringsum reihen sich gleichzeitig die von vielen Adressen im ganzen Königreich bekannten Wohnviertel. Wie mit dem Lineal gezogen erstrecken sie sich Meile um Meile, auf der britischen Insel in scheinbar immer gleichem Grundriss, gedrungene Häuser. Geschachtelt stehen sie Seite an Seite, wie am Reißbrett entworfen auch ihre Schornsteine immer in einer Achse, unter denen jeweils ein Gas- oder Kohleofen steckt. Jene Bauten mit einfacher Verglasung und den dürftig isolierten Backsteinfassaden, die kaum Behaglichkeit in einem nasskalten Winter bieten. Es sei denn, die Menschen im Haus haben ausreichend Ein-Pfund-Münzen zur Hand, die seitlich an den in den Zimmern aufgebauten Gasöfen in ein Zählwerk eingeworfen werden müssen, um für eine begrenzte Zeitspanne eine bläulich flackernde wärmende Gasflamme zu entfachen. Eine eigenwillige Monotonie entfaltet dieses Bild entlang enger Straßen, die noch im sommerlichen Schein und umgeben von blühenden Obstbäumen eine düstere Note haben.

Vor der grandiosen Landschaft der Grafschaft Derbyshire, deren von Moosen und Flechten bewachsene Hügelketten wie ein bläuliches Band am östlichen Horizont schimmern, heben sich erloschene Fabrikschlote ab. „Klein" ist das Prädikat der hier durchfahrenen Viertel. Es trifft auf die Nettowohnfläche desselben Typs Behausung zu, seiner Fenster und Vorgärten. Unisono haben die Eigentümer die kleinen straßenseitigen Grundstücke mit Betonplatten oder Asphalt auslegen lassen. Zwischen Mülltonnen bleibt Platz für das Familienleben: Im Schein der untergehenden Sonne schießen sich tätowierte Väter mit ihren Kindern über kurze Distanz einen Fußball zu, genießen kurz geschorene Kumpel in den Trikots des örtlichen Fußballclubs auf Campingstühlen sitzend ein kühles Ale, und lehnen sich Mütter in geblümten Kitteln auf einen Schwatz am Zaun zur ähnlich bekleideten Nachbarin herüber. Keiner nimmt Notiz von einem Pärchen, das sich mit klöternden Tüten bepackt laut grölend den Alkoholnachschub für das eben angebrochene Wochenende sichert. Hinter dieser Kulisse ragen die grau lackierten Gerüste eines Gasometers Dutzende Meter hoch in den Himmel. Wie ein stählernes Nest. So konventionell diese Viertel auch wirken mag – eine oberflächliche Betrachtung – es stellt sich als aufgeräumter heraus, als so manche Ecke der City. Im Gegensatz zur Innenstadt liegt hier nirgends Papier herum und die Grünanlagen entlang des Rochdale Kanals sind ordentlich. Verstörend da der Anblick einer Anzahl Wohntürme, die auf diese Vorstadt ihre Schatten werfen: Die 15-Geschosser stehen allesamt leer. Irgendwer hatte vom Fußboden bis zum Dach alle Fenster herausbrechen lassen. Über die Jahre war mit dem Wechsel der Witterung die Bausubstanz von Grund auf verkommen. Der Schwamm sitzt nun überall.

In Manchester war der als herzlos verschriene Kapitalismus geprägt worden. Skrupellose Industriebarone nutzten um 1900 die allgemeine wirtschaftliche Not der Bevölkerung aus und pressten ihr extreme Arbeitsleistungen unter extremen Bedingungen ab. Ein Zentrum dieser Form der Ausbeutung war eben Manchester – damaliger Standort eines Großteils der englischen Textil- und Baumwollindustrie. Dampfmaschinen trieben die Webstühle an, die vormals noch mit Wasserkraft liefen. 1910 wurde hier mit Trafford Park die erste eigens zu diesem Zweck geschaffene Industriezone der Welt eröffnet. Unter anderem produzierten dort zu Dumpinglöhnen auch Automobilhersteller und Elektroanlagenbauer. Der Boom der Stadt reichte bis ins Jahr 1931, als dort mit rund 766.000 Einwohnern die größte Bevölkerungszahl „aller Zeiten" registriert wurde. Aus dieser Periode stammen auch die gedrungenen Wohnsiedlungen, die eben noch aus der sicheren Warte einer Zugfahrt zu sehen waren. Rings um diese einst als technische Meisterleistung gefeierten Quartiere hatten diverse Wirtschaftskrisen viele Firmen in den Ruin gerissen. Ihre Gelände verfielen – und bisweilen auch die Nachbarschaft.

Die opulente Bahnhofshalle, die Manchester Piccadilly Station, atmet noch den Stolz, den dieser Landesteil vor etwa 100 Jahren einmal besessen hatte. Unter einer feingliedrigen Gewölbekonstruktion aus bunt lackierten Stahlträgern – einem Relikt aus jener Epoche, in der die Industrialisierung Britanniens noch immer durch neue Absatzmärkte in fernen Kolonien beflügelt wurde – hatte sich heute allerdings der Betrieb und damit der Bedarf an Gleisen deutlich ausgedünnt. Sowohl rund um die imposante Station als auch in den Straßen der Innenstadt lässt der Trubel nach, kaum dass es Abend wird. Dennoch bleibt das Publikum nicht unbeaufsichtigt. Der Handvoll allein reisender Damen in grauen Mänteln, blass geschminkter Mädchen mit pinken Haaren sowie Burschen mit Baseballkappen und Trainingshosen folgen wie im fernen London auch in Manchester Tausende virtuelle Augen. Videokameras und Bewegungsmelder registrieren nicht nur am und im Bahnhof alle Schritte. Selbst die Rückseiten kleiner Restaurants werden ebenso überwacht wie zentrale Kreuzungen. Auf diese Weise hält sich anscheinend der Vandalismus im öffentlichen Raum in Grenzen. Dennoch stehen die Passanten der pauschalen Unterstellung gegenüber, es auf die Unversehrtheit dieses Landes abgesehen zu haben. Das ungewohnt gesteigerte Bedürfnis nach Sicherheit erklärt sich Außenstehenden beim Blättern im Geschichtsbuch: 1996 explodierte ein eineinhalb Tonnen Sprengsatz in der Corporation Street. Die IRA – die Irisch-Republikanische Armee – zeichnete in ihrem Kampf für ein unabhängiges Irland für den Anschlag verantwortlich. 50.000 Quadratmeter Einkaufs- sowie 25.000 Quadratmeter Bürofläche langen da bereits in Schutt und Asche. Nun stehen die Olympischen Spiele in der Hauptstadt vor der Tür, da ist auch in Manchester die Nervosität noch größer als sonst. Sogar Soldaten in Tarnanzügen samt Maschinengewehren patrouillieren breitbeinig auf Sichtweite zum Hauptbahnhof, daneben ein mobiles Flakgeschütz. Es ist kaum ein Ort, an dem sich gemütlich mehr Zeit als unbedingt nötig verbringen lässt. So entzieht man sich am besten den kritisch-durchdringenden Blicken zahlloser Bobbys und Bahnbediensteter durch den immer einsamer werdenden Gang in den Straßen der Northern Quarter. Verfallene Kontorbauten aus der Zeit um 1900 auf der einen Seite, verfallene Plattenbauten, die an Eindrücke aus Ost-Berlin in den 1980er-Jahren erinnern, zur anderen. Der Wind treibt einzelne Zeitungsseiten über den rissigen Asphalt vor sich her und wirbelt mit dem Sand auch leere Pappbecher und Plastiktüten auf. Und wäre da nicht der Anblick eines hübsch renovierten englischen Spezialitätenrestaurants mit davor parkenden Nobelkarossen gewesen – man hätte sich im ungleich verkommenen Detroit und im Mittleren Westen der USA gewähnt. Eine interessante bauliche wie gesellschaftspolitische Parallele, die viel verrät über die einst führende englische Ingenieurskunst, die auch manche Grundsteinlegung jenseits des Atlantiks begründet hatte.

.

Automobilschau am Flughafen Manchester Ringway

Unikate am Irwell
Manchester, Nordwest-England, 2012

Das Hotel ist brandneu und im globalen Einheitsdesign. Viel weiß, viel Chrom, verschlossene Fenster bei andauerndem Klimaanlagenbetrieb sowie 754 Fernsehprogramme auf einem schwenkbaren Flachbildschirm über einer Schreibtischkonsole in Holzoptik. Am Rande der eigenartig heruntergekommenen Innenstadt waren gänzlich neue Straßenzüge entstanden, ebenso wie auch das überladene Techno-Hightech-Hotel inmitten einer ramponierten Umgebung, Fremdkörpern gleich. Die Familien dort haben von ihren Balkonen, ihren funktional gestalteten Luxusoasen Aussicht auf halb eingestürzte Markthallen mit ehedem veritablen Feinkosthändlern, auf Bauzäune und vom Verfall gezeichnete Manufakturen. Mit ihren fortwährend ins Auge springenden Gegensätzen ein aufregendes Unikum, die Stadt am River Irwell.

Zwar prägt in Manchesters Zentrum die weltweit bekannte Auswahl internationaler Ladenketten das Bild – keinesfalls eine Sensation, eher eine von der Globalisierung getragene Enttäuschung. Selbst Aldi ist mit seinem aus Deutschland bekannten Logo vertreten. Zwischen Geschäften wie diesen und der Kulisse der benachbarten gigantischen Arndale-Einkaufspassage tut sich gleichwohl Spannendes: Ab 11:00 Uhr heben dort wochentäglich etwa Männer mit tätowierten Armen, in sportlicher Kleidung und mit sehr kurz geschnittenen Haaren einträchtig mit Herren in eleganten Anzügen, sauber ausgebürsteten Frisuren und offenkundig mit Job an den Theken traditionell eingerichteter Pubs das erste Bier. Wie kostbare Pausen- oder Lunchzeiten verbracht werden, bleibt ja bekanntlich einem jeden selbst überlassen. Bitter Ale hin, Lager Beer her – eine Begabung für zwanglose Kommunikation und damit verbundene Kontaktfreudigkeit über offensichtliche gesellschaftliche Gräben hinweg sind das Kapital jener Kneipen, deren Stehplätze schon gefüllt sind, noch bevor die Zeiger zwölf zeigen.

Draußen vor den schwungvoll klappenden Türen schieben Teenager, die kaum älter als 17 sein können und jetzt schon Mütter sind, ihren Nachwuchs in Kinderwagen vor sich her. Sie gehen an schmierigklebrigen Scheiben vorüber, hinter denen Imbissbesitzer an siedenden Ölkesseln auf Kundschaft warten. Angestellte in weißen Kitteln reichen da die ersten Portionen „lovely Fish&Chips" in Essig und Öl über die Tresen; rotbraun glänzende Schwarte dreht sich auf dem Spieß einer Dönerbude nebenan, und rund um die altehrwürdige George Street steigt weißer Rauch aus Lüftungsschächten diverser Chinarestaurants auf. Es riecht wie in den Gassen von Kowloon, nach Brathuhn mit Mandarinen sowie Teigtaschen mit Schweinefleisch an Sojasauce. Hunderte Hongkong-Chinesen hatten in den vergangenen Jahrzehnten der ehemaligen britischen Kronkolonie in Asien den Rücken gekehrt und sich in Manchester mit Restaurants, Bars und Massagesalons eine neue Existenz aufgebaut. Diese stehen nun in Nachbarschaft von durchaus hochpreisigen Boutiquen und ulkig verklemmt betitelten „Adult Shops", hinter denen in Wahrheit Sexshops stecken.

Im Zweiten Weltkrieg war die Stadt Produktionsstandort der Avro-Flugzeuge, weshalb hier immer wieder Bomben gefallen waren. Die Luftangriffe der „crouts", der Deutschen, hatten auch und gerade unter der Zivilbevölkerung Verheerungen angerichtet, deren Spuren beim Spaziergang durch Manchester noch immer wahrnehmbar sind. Die Nachwirkungen des Krieges spiegelt die Metropole bis heute in Form gigantischer Hochhauskomplexe im Brutalismus der 1960er- und 1970er-Jahre. Sie füllen Lücken an Orten, die durch die feindlichen Angriffe der Nazis entstanden waren. Die Neubauten versprachen seinerzeit Aufbruch in einer finanziell bedrängten Region. Mangelnde Pflege lassen die Anlagen inzwischen schäbig wirken: Fenster sind verwittert, Treppenhäuser ramponiert, Lüftungssysteme veraltet. Hinter solchen Kulissen verbergen sich überraschend teure Hotels, vor denen die typisch britischen Taxen – die „Black Cabs" eines Herstellers aus der Industriestadt Coventry, 92 Meilen südlich von Manchester – mit ihrem hoch aufragenden Fond auf Kundschaft warten.

In nur wenigen Minuten entgeht man dieser sonderbaren Kulisse. Am besten zu Fuß und entlang der gestrengen Backsteinfassaden der mondänen Deansgate Street führt der Weg bis an den nahen Rand der

Innenstadt. Im Schatten riesiger Eisenbahnbrücken war in Castlefield ein Binnenhafen entstanden, in dem seit dem 18.-Jahrhundert schmale Boote verkehrten. Der Duke of Bridgewater hatte 1765 den gleichnamigen Kanal von Manchester bis nach Worsley erbauen lassen. Die Wasserstraße kostete ein Vermöge und riss den Adligen fast in die Pleite. Doch fortan war ein Verkehrsweg geschaffen, der für den preiswerten Transport von Kohle und eine sich immer weiter beschleunigende Industrialisierung sorgte. Der begehrte Rohstoff ließ sich seit der Inbetriebnahme der künstlichen Wasserstraße bequem und in immer größeren Mengen direkt bei Fabriken sowie in der Nähe von Wohnungen anliefern. Gleichzeitig übernahmen die Binnenschiffe den mühelosen Abtransport von Fabrikgütern aus Manchester. Der Wohlstand des Dukes und anderer Investoren wuchs ins Unermessliche, weshalb rasch weitere Kanäle folgten – bis in den Hafen von Liverpool weiter westlich. Im trüben Nieselregen eines britischen Sommers liegen heute einige Narrowboast noch als Ausflugsschiffe vertäut. Das Rumpeln und Rattern der Eisenbahnen hoch oben auf den rostigen Viadukten aus der Zeit der Industrialisierung übertönt die melancholische Idylle. Aus den vormals geschäftigen Umschlagplätzen sind heute größtenteils von Farnen und Gräsern überwachsene Brachen geworden. Ein weiteres interessantes Terrain für findige Investoren, die damit begonnen haben, moderne Eigentumswohnungen inmitten der amphibischen Industrielandschaft zu bauen. Ambitionierte Bauherren setzen mit gewagten Bauvorhaben ein Zeichen gegen den allgemeinen Verfall. Offenbar erfolgreich, denn alle Wohnungen scheinen schon vergeben.

Von einer nahegelegenen Bahnstation geht es mit einem Triebwagen hinaus zum Ringway Airport und weiter in seine ländliche Umgebung. Am Rande der Landebahn des Flughafens Manchester haben findige Fans ein Refugium für die heimische Luftfahrt geschaffen, denn nach dem Zweiten Weltkrieg liefen genau dort die Teile für britische Passagierflugzeuge vom Band, darunter auch der Ikone: der Concorde. Für den in Frankreich und Großbritannien gemeinsam entwickelten Überschalljet war draußen in Ringway eigens ein Museumshangar gebaut worden. Eine ausrangierte Maschine dieses Typs hatte nach ihrem Abschied aus dem regulären Betrieb 2003 dort als Denkmal Platz gefunden. Unter den geschwungenen Delta-Flügeln laufen nun Enthusiasten sowie Interessierte zusammen, um ein Wochenende lang Fotos, Postkarten und andere Luftfahrtmemorabilia zu erstehen – vom Aschenbecher der British European Airways bis zur Kapitänsmütze der British Overseas Airways Corporation. Daneben haben auch die Anhänger von Matchbox-Autos und englischen Modelleisenbahnen ihren Platz. Schon früh morgens sind sie im Concorde-Hangar mit ganzen Lieferwagenladungen von Artefakten und Modelleisenbahnanlagen von der Größe eines Wohnzimmers zur Stelle. Auf Tapeziertischen und privaten Ausstellungsflächen sind Flohmarkt- und Sammlerartikel in prominenter Gesellschaft mit einem echten Überschalljet zusammengekommen. Der Aufwand der Betreiber, ehrenamtliche Helfer sowie Offizielle der Royal Air Force, ist beträchtlich – wie auch die aufgerufenen Preise für noch die kleinsten Souvenirs aus der bunten Welt der britischen Zivilluftfahrt. Eher bieder wirkende Leute in abgegriffenen Parkas zücken ohne zu zögern ihre Geldbörsen, um eine einzelne angeknickte Postkarten einer Vickers VC10 für unwahrscheinliche zwölf Pfund zu erstehen. Bei aller Liebe für das abgebildete britische Langstreckenflugzeug, das in den 1960er-Jahren speziell für die Bedienung unbefestigter Pisten in den Überseekolonien konstruiert worden war und so auch eine Erinnerung an die einstige Größe des Landes zu verkörpern scheint, ist dieser Preis hoch. Für andere stehen dagegen Autos der einheimischen Marke Vauxhall en miniature auf dem Wunschzettel – zu ähnlich fulminanten Preisen.

Zu diesem besonderen Event erscheinen neben den Freunden der britischen Eisenbahnen und Automobilindustrie auch jene der Landesverteidigung. Draußen vor den Hallentoren stehen auf der grünen Wiese gepanzerte Fahrzeuge in Oliv. Nebenan echte Automobile aus den Häusern Jaguar, Morris, Rolls Royce und Rover. Stattliche Wagen, die einer Zeit entstammen, als weltbekannte englische Rockstars auf Schwarz-Weiß-Fotografien im Bild festgehalten worden waren – umjubelt von Massen und eben aus solchen Limousinen der Marke Rover entsteigend. Während hinter dem Flughafenzaun die Jets der heutigen britischen Zivilluftfahrt starten und landen, sammeln sich mit fortschreitender Stunde immer mehr Gäste auf dem Gelände. Die Szenerie fernab von Sammlerträumen wird bizarr. Da rastet zur einen Seite die gediegene Gesellschaft des örtlichen Establishments, die ihre Nobelkarossen in gemessener Geschwindigkeit auf den völlig durchnässten, jedoch sorgsam gestutzten englischen Rasen gelenkt haben. Im plötzlich strahlenden Sonnenschein stellen sie in feinstem Gehrock ihre Wagen und damit ein Stück weit auch ihren Reichtum zur Schau, zelebrieren auf drapierten Porzellanservice im Fond ihrer Phantom III und Silver Shadows einen gepflegten „afternoon tea". Bei Ingwerbrot und Biscuits wird Hof gehalten. Auf der anderen Seite besteht das Publikum aus Familien und interessierten Technikfreaks. Junge Mütter mit schreienden Kindern auf dem Arm, Frauen in Tarnanzügen, Großmütter in grauen Kunstseidenmänteln, Selbstgespräche führende Herren, sich fortwährend mit Ferngläsern nach Flugzeugen umschauende Planespotter, vom Militarismus begeisterte Familienväter sowie einige dickliche Gestalten, bei denen sich nur vermuten lässt, ob es sich um einen Mann oder eine Frau handelt. Ein Jahrmarkt der Überraschungen auf der Bühne eines familiengerechten Luftfahrt- und Techniktags. Der Auftrieb ist enorm, sodass die schmale Zufahrt zu dem Gelände am Nachmittag völlig verstopft und auch der eigens verkehrende Zubringerbus nicht mehr durchkommt. Im wieder einsetzendem Nieselregen startet ein allgemeiner Run in Richtung Schnellstraße, von wo aus mehr Linienbusse verkehren. Über die welligen und seit Jahrzehnten nicht renovierten Landwege geht es zu Fuß vorbei an Cottages und historischen Bauernhöfen, zurück Richtung Innenstadt, ein baulicher Flickenteppich in grau-braunen Farben.

Am Hafen von Liverpool

Brexit-Bingo am Mersey
Liverpool, Nordwest-England, 2017

Tief im Westen, am westlichen Ende von Zentral-England, hatten die aufstrebenden Reeder und erfolgreichen Industriebarone Anker geworfen. Das war nur logisch. Entlang der Ufer des Mersey trieben sie in der Stadt Liverpool gewaltige Lagerhäuser und Werften in den Schlick eines Stroms, der in feinen Rinnsalen weiter östlich in den bläulich schimmernden Midlands entsprang. Der Mersey – was so viel wie Grenzfluss bedeutet – speist sich aus den Flüssen Etherow, Goyt und Tame, die sich nahe Manchester zum River Mersey vereinen. Ein Gewässer, das tatsächlich eine Grenze zum benachbarten Wales darstellt und früher zugleich einen sicheren Hafen im Verkehr zwischen dem United Kingdom und seinen Kolonien im Britischen Empire jenseits der Meere bot.

In einer aufblühenden Hafenwirtschaft landeten hier vor rund 150 Jahren die Güter aus Übersee an, die zum Beispiel über den Bridgewater-Kanal durch eine liebliche Auenlandschaft weiter ins Binnenland in Richtung Manchester geschafft wurden. Der Magnat und Privatinvestor Duke of Bridgewater war Bauherr dieser künstlichen Wasserstraße, über die in der einen Richtung die überaus günstig „erworbenen" Rohstoffe aus fernen Kontinenten wanderten, um in den Werkhallen Mittelenglands verarbeitet zu werden. Kautschuk, Baumwolle, Hölzer sowie Kaffee, Gewürze und Tee. Liverpool war eines der Einfallstore für diesen Warenstrom aus der ganzen Welt. In die andere Richtung gingen von den hiesigen Kaimauern die fertigen Industrieprodukte in den Export. Es war die Zeit der weltumspannenden, imperialen Hegemonialmacht Großbritannien, und das spiegeln die repräsentativen Umschlagplätze entlang des Mersey bis heute wider. Markant drei monumentale Verwaltungsbauten mit nahezu sakralem Pomp am Canada Boulevard. The Three Graces, die drei Schönheiten, nennt der Volksmund sie. Mit ihren Kuppeln, neogotischen Türmen und weithin sichtbaren Uhrwerken tatsächlich originelle Schaustücke. Sie kündeten den Seefahrern schon damals beim Anlegen, wie mächtig dieses Königreich war, zu dem Liverpool gehört. Links und rechts der gigantischen Prachtbauten gruppieren sich die Kai- und Lagerhausanlagen an der Princes Parade, der King George Parade, der Queens Wharf, den Queens Docks und dem Albert Dock. Die Namen verraten viel über sozioökonomisches Selbstverständnis der Briten und eine beträchtliche Nähe des Adels zum Handelsplatz Liverpool. Vom robusten Boom und dem stolzen Selbstbewusstsein der damaligen Zeit waren zwar die Namensschilder geblieben, jedoch nicht alle in ihrem Umfeld errichteten Industrieanlagen. Rostroter Klinker und massive rot lackierte Säulengänge − so präsentiert sich heute immerhin noch das städtebauliche Wahrzeichen der Albert Docks. Das rechteckige, in den Mersey-Schlamm gesetzte Ensemble aus Lagerhäusern war geschickt durch Schleusen vom enormen Tidenhub des Hausgewässers getrennt. Bei Hochwasser legten die Schiffe direkt vor den Hallentoren an, ehe sich draußen vor den wieder geschlossenen Schleusen das Brackwasser in die Irische See ergoss. Doch anstatt pfundweiser Handelsgüter finden sich heute in den exakt durchgerasterten Etagen Eigentumswohnungen, Galerien, Ateliers, Restaurants und Bars. Den „Fab Four" − den als Beatles weltbekannt gewordenen vier Söhnen der Stadt − widmet Liverpool genau an dieser Stelle ein eigenes Museum.

Genaugenommen reklamiert die gesamte Stadt das musikalische Erbe der vier fabelhaften Sänger für sich. An jeder sich bietenden Ecke laufen die eingängigen Melodien der Musiker. Eine Penny Lane taucht da auf, nicht zu vergessen die berüchtigten Mauern des Kinderheims Strawberry Fields, das „for ever" in einem Vorort Liverpools zu finden ist und heutzutage Ziel von Ausflügen in kunterbunt bemalten Reisebussen. Die so zum Leben erweckte Magical-Mystery-Tour rollt zu Fantasiepreisen zu den Schauplätzen der Liedermacher. Alles, was die Beatles betrifft, wird zu Geld gemacht, und so berieseln überall auch versteckt angebrachte Lautsprecher die Passanten mit deren Songs. Die Kommerzialisierung gleitet ins Gespenstische ab, wenn Trottoirs menschenleer sind − und trotzdem die eingängigen Beats in der Luft flirren. 50 Jahre nach der Veröffentlichung des als „meisterhaft" gefeierten Beatles-Albums schallt seine Konserve durch Liverpool: Sergeant Pepper's Lonely Hearts Club Band.

Mit all den Investitionen in den Fremdenverkehr verbindet die Stadt Altes mit Neuem. Der Versuch lag nahe, so der zu einer Art Fossil versteinerten englischen Hafenstadt neues Leben einzuhauchen. Der Strukturwandel sollte mit dem Bau von gläsernen Apartmenthäusern am Mersey, von kühn entworfenen Museen im bizarren Würfeldesign, einem weiteren, dem zweiten Beatles-Museum oder der Ansiedlung von Musicalshows weiter oberhalb im Zentrum gelingen. Die Überlegungen waren richtig, denn unheilvoll wie ein kräftiges Gewitter, das meist ein unbekanntes Ausmaß an Schäden nach sich zieht, erreichen bereits die Schatten des beschlossenen Brexits dieses Vereinigte Königreich. Die politische Elite in den komfortablen Amtszimmern im fernen London hatte die Weichen für einen harten Ausstieg aus der anscheinend so verhassten Europäischen Union gestellt. Von den Fördergeldern, die Brüssel bis dato für die ärmeren Gegenden Europas bereitgestellt hatte, profitierten die Arbeiterviertel Liverpools wie auch die Infrastruktur der umliegenden Grafschaft Merseyside ebenso. Es gab modernisierte Brücken, Flughäfen wuchsen, neue Fernstraßen ebenfalls, die unter dem blauen Banner der Europäischen Union, der „iee juh", wie die EU hier genannt wird, und aus ihrem Budget entstanden waren.

Augenscheinlich waren beim westenglischen Subventionsroulette diverse Gegenden dieser Stadt leer ausgegangen, etwa das Baltic Triangle. Es handelt sich um die dritte Reihe aus Lagerhausbauten, die sich abseits der imposanten King George Parade oder der Queens Wharf erstrecken. Eben ein Stück oberhalb am Hang und abseits der Three Graces – der drei Schönheiten –, von wo aus man zwar einen zauber-haften Blick bis zu den weit entfernt liegenden walisischen Bergen auf der Südseite des Flusses hat, sich aber abseits touristisch erschlossener Ecken bewegt. Hier eingestürzte Quartiere, dort mit Brettern vernagelte Manufakturen. Und nur der Pub Coburg Arms in einem historischen Eckhaus erfreut sich inmitten des greifbaren Verfalls großem Zuspruch, volle Tische draußen und drinnen. Heiß und fettig weht der Duft von „Fish&Chips" herüber, mit scharfem Brandweinessig angemacht.

Noch weiter höher den Hang hinauf wechseln die Hafenviertel in die Reihenhausarchitektur der Mittel- und Arbeiterklasse. „My home is my castle" – „Mein Heim ist mein Schloss" – unter diesem Motto zieht sich hier manche Familie nach langem Lebenswerk in die bescheidenen vier Wände der heimatlichen Miet- oder Eigentumswohnung zurück. Doch rund um die Upper Parliament Road steht allerlei Sperrmüll unter freiem Himmel in Vorgärten von Häusern, deren Hecken baufällige Fassaden abschirmen. Das Geld liegt in dieser Umgebung wahrlich nicht auf der Straße. Dennoch schickt die Stadtverwaltung sogar am Wochenende motorisierte Karren aus, um lästiges Unkraut zu beseitigen. Ein Bediensteter in orangefarbenem Overall verspritzt agrarchemische Substanzen aus einem dünnen Schlauch und zielt auf Ecken und Kanten im Pflaster. Guter englischer Rasen soll an Stellen vertrieben werden, an denen dieser nichts zu suchen hat: zwischen den auseinanderbrechenden Betonkacheln des Fußweges.

An der Ecke ist schon der nächste Pub in Sicht. Lebhaft diskutierende Burschen mit abgeschorenen Haaren und tätowierten Armen treffen sich zum Sonntagsbierchen in der Lieblingskneipe. Kräftige Hände halten abwechselnd glimmende Zigaretten oder ein Pint-Glas. Drinnen flimmern im schummrigen Licht der Schankstuben großformatige Bildschirme, die die Spiele der britischen Premium League übertragen. Jede bühnenreife Aktion der favorisierten Fußballmannschaft FC Liverpool auf heimischen Platz wird mit brüllendem Gejohle goutiert.

Vom morgendlichen Hochnebel ist unterdessen nichts mehr übrig, die Frühlingssonne taucht die Stadt in ein warmes Licht. Blau ist der Himmel, nur durchsetzt von einigen Schönwetterwolken. Die Pappeln im gediegenen Sefton Park einige Hundert Yards weiter, einem großen Feld, auf dem der englische Rasen endlich freie Bahn hat, rauschen sacht im Wind. Hier oben auf dem Mossley Hill öffnet eine urige Pension ihre Pforten. Ein bescheidenes „Bed&Breakfast", gleichwohl angenehm ruhig. Bis zum Morgengrauen.

Die Sonne dämmert noch hinter dem Horizont. Die Croxteth Road mit ihren liebenswert angestaubten Villen aus Victorianischer Zeit liegt draußen verwaist in einem magischen Zwielicht da. Wie so oft in England klappern die einfach verglasten Schiebefenster bei jedem Luftzug und auch die ganze Nacht hindurch in ihren Rahmen, altmodisch und entgegen der meisten EU-Richtlinien für den Ressourcenschutz ganz und gar nicht umweltschonend. Hoch im Himmel über Liverpool wabert ein grau-roter Morgen, da braust mit quietschenden Reifen das georderte Taxi heran. Pünktlich, wie bestellt und bezahlt – nach manchem diesbezüglichen Rückschlag anderenorts ist auf die hiesigen Chauffeure Verlass. Am Steuer sitzt eben einer jener kurzgeschorenen Männer im Trainingsanzug und mit tätowiertem Hals, den man am Tag zuvor vermutlich noch irgendwo in einem der Pubs der Stadt hatte sehen können. Nun empfiehlt er sich als privat agierender Rallyefahrer, bei dem besser der Sicherheitsgurt gut verschlossen bleibt. Denn kaum fällt die Wagentür ins Schloss, beschleunigt das Auto rasant. Mit fast 90 mph rast das Taxi durch das noch nachtschlafende Liverpool, terrorisiert sein Fahrer die Vorstädte mit hochtourig gefahrener Maschine, streift wie im Tiefflug das letzte Ende der Upper Parliament Road, vorbei am alten Flughafengebäude von Speke – um nur sechs Minuten nach der Abfahrt vor dem gesichtslosen, funktionalen Liverpool-John-Lennon-Airport zu bremsen. „How was I?" – „Wie war ich?" – fragt der Bursche grinsend, einen ausgeschlagenen Eckzahn zeigend. Eine Wegstrecke, für die der nicht minder rasant gefahrene Doppelstockbus bei seiner Fahrt in die Stadt ganze 40 Minuten benötigt hatte.

Drinnen im Flughafen drängen schon sonnenhungrige Briten zur Sicherheitskontrolle. Überaus pingelig filzen die Beamten jede Person zweimal. Sogar die Schuhe müssen abgelegt werden. Wer es eilig hat, kann für stolze fünf Pfund an einer Art Fahrkartenautomat das Ticket für eine angeblich beschleunigte „Fast Lane" buchen. Ein neuer Höhepunkt bei der Abzocke scheint damit erreicht. Dabei handelt es sich bei den Passagieren ausnahmslos um Sparfüchse. Tatsächlich bleiben hiesigen Airport die Billig- und Ultrabilligfluglinien unter sich. Sie schicken ihre Jets nach Palma, Malaga, Marrakesch, Faro oder über die Irische See nach Cork. Hat man im schmucklosen Ambiente schließlich die peinlich genauen Checks passiert, wenden sich die meisten Leute ihrem Frühstück zu: Hamburger und Pommes Frites hier, abgepackte Sandwiches in Cellophanfolie dort. Dazu eine Automaten-Cola im Pappbecher. Andere bestellen gleich ein gut gezapftes Pint, droben geht der Uhrzeiger auf sechs am Morgen. Ins Ohr dringen da wieder die 50 Jahre alten gefeierten Songzeilen der Beatles:

„We're Sergeant Pepper's Lonely Hearts Club Band
We hope you have enjoyed the show.
Sergeant Pepper's Lonely Hearts Club Band
We're sorry but it's time to go",

kingt es aus den Lautsprechern.

Wenig später beschleunigt ein französischer Pilot die Passagiermaschine einer rumänischen Billigfluglinie auf der Piste von Liverpool Airport. Die Boeing pendelt zwischen UK, Italien und Deutschland. Die Airline profitiert von der Freizügigkeit, welche die EU-Mitgliedschaft allen beteiligten Parteien bietet. Noch.

Mit dem Narrowboat *über den* Pontcysyllte-*Aquädukt in Wales*

Mystisches Cumbria
Von Nordwest-England nach Nord-Wales, 2015

Der Himmel ist weit und sein sommerliches Blau nur durch wenige Wolken verhangen. Von einer Anhöhe nördlich von Manchester aus, in einer menschenleeren Idylle bei „The Old Goods Yard" ist die Fernsicht atemberaubend. Über immer grüne Hügel, dicht verwachsen mit robustem Heidekraut – dem Marsden Moor –, erscheint die benachbarte Großstadt plastisch, ja fast zum Greifen nahe, dabei sind es bis dorthin noch an die 30 Meilen. Kein Laut ist hier oben, etwa 300 Meter hoch über dem Meeresspiegel, zu hören, außer einem unheimlichen Heulen des Windes zwischen einer hölzernen Wegmarkierung und einem Gatter. Wandersleuten gibt der Mast Orientierung auf ihrem Weg durch die Midlands. Die sanft geschwungenen Bergrücken dieses Hochlandes flachen zur Küste im Westen ab. Bei näherer Beschau erweist sich das Gebiet dort unten als eine grüne Ebene, in der Bäche und Kanäle in Richtung des „Mighty Mersey" – des mächtigen Mersey – fließen.

Es gab Zeiten, da war dieser Fluss nur mit den oft besungenen Fähren zu überqueren, den „ferries cross the Mersey". Heute bremsen weder Ebbe und Flut, noch die von der Tide abhängigen Fähren den Wechsel von England hinüber ans walisische Ufer. Im Strom einer dicht befahrenen Autobahn und inmitten der Auenlandschaft vollzieht sich jetzt der Grenzgang zwischen den Unionsstaaten wie im Flug. Und dass es sich beim nun wieder hügeligen Terrain um Wales handelt, verraten die fortan doppelsprachig auf Englisch und Walisisch erscheinenden Straßenschilder: „Prif Dramwyfa" für Landstraße zum Beispiel oder „Rheilffordd i Deithwyr" für Personenzug. Die örtliche Mundart zählt zu den keltischen Sprachen und tritt mit all ihren Ch-, Üh- und Fl-Lauten derart fremd in Erscheinung, dass sich schwerlich ein Zusammenhang mit anderen Sprachfamilien heraushören lässt. Darauf legen die Menschen besonders im Norden der Region anscheinend großen Wert: Sie kommunizieren selbstverständlich auch auf Englisch, sind aber eben keine Engländer – und hegen daher ihren eigenen Sprachschatz.

Mit Bedauern bekunden Kneipiers, Laden- oder Hotelbesitzer überall in Cymru, wie Wales vor Ort heißt, dass die Nationalfarben ihrer herrlichen Heimat im Union Jack keine Berücksichtigung gefunden haben. England hatte vor rund 730 Jahren seinem kleineren Nachbarn im Westen die Eigenständigkeit genommen. Statt des roten Greifs auf weiß-grünem Feld symbolisiert das rote Kreuz auf weißem Grund der Engländer seither diesen Teil Britanniens, auch auf internationalem Parkett. Ein echter Waliser hisst daher stets neben dem rot-weiß-blau gezackten Union Jack Großbritanniens auch das Banner des tudorschen Adelsgeschlechts, eben jenes weiß-grüne Tuch mit rotem Fabelwesen, dem „Y Ddraig Goch". Zur Skurrilität der sorgfältig kultivierten Heraldik gehört ein dazugehöriges Wappen: Eine Krone mit drei weißen Federn und der deutschsprachigen Inschrift „Ich dien". Was ein wenig nach Drei-Groschen-Roman und Märchenstunde in einem staubigen Schloss klingt, mag für viele Menschen in Wales ein hohes Gut sein. Immerhin trägt der britische Thronfolger Prinz Charles im fernen (englischen) London den Ehrentitel „Prince of Wales" – symbolisiert durch die Krone mit den drei weißen Federn. All die landesweiten Wappen, Siegel und Banner entspringen so sehr einer epenhaften Geschichte, dass es eines fast 1.000-seitigen Kunstreiseführers bedarf, um halbwegs Licht allein in die facettenreichen Ursprünge dieses kleinen Landes namens Cumbria zu bringen.

Der rote Greif auf weiß-grünem Feld darf natürlich auch nicht an der Anlegestelle Old Wharf im malerischen Ort Trevor fehlen. Ein weitverzweigtes Kanalsystem verbindet seit etwa 1800 Zentral-Wales mit Orten viel weiter östlich. Bis nach Manchester oder Stoke-on-Trent in England kann man sich seither einschiffen. Nahe der Kreisstadt Llangollen verläuft der Kanal durch ein malerisches Tal. Die Schlucht vermochten britische Ingenieurskunst und mutiger Erfindergeist zu queren: Die künstliche Binnenschifffahrtsstraße kreuzt die natürliche Barriere mühelos in einem spektakulären Aquädukt. Dutzende Rundbögen aus groben Sandsteinblöcken stemmen eine enge Fahrrinne durch die nordwalisischen Berge. Rund 50 Meter tiefer rauscht der Fluss

Dee durch sein Bett, während oben in luftiger Höhe die schmalen Narrowboats manövrieren, kleine Lastkähne, die heute nur noch Passagieren auf engen Holzpritschen Platz bieten. Während in der Tiefe üppiger Laubwald und die rauschenden Fluten des Dees hinter den Scheiben des so behäbig schippernden Ausflugsschiffes vorüberziehen, berichtet die burschikose Matrosin stolz vom familieneigenen Betrieb. Mit ihrer Unternehmung kann man seit Jahrzehnten schon über den Pontcysyllte-Aquädukt fahren oder abendliche Dinnerfahrten am festlich gedeckten Tisch mitsamt mehrstündiger Rundtour buchen. Vor einem Ensemble aus liebevoll mit Blumenmustern tapezierter Schanktheke und in Handarbeit gezimmerter Vitrine steht die junge Frau mit Armeehaarschnitt für Fragen und Bestellungen bereit. Beim Brandy, einer Limonade oder einem „Cwrw Cymru", dem heimischen Pilsener − selbstverständlich mit rotem Greif im Logo −, verschwimmen bei der nachmittäglichen Fahrt in gemütlicher Gangart die Konturen der umliegenden mittelalterlichen Dörfer inmitten idyllischer Hügellandschaft. Andere greifen dabei zu lokalen Spezialitäten, etwa dem walisischen Sahnetee, bara brith − einer Art Früchtebrot − oder einem „Full Welsh Breakfast", die cumbrische Schwester des „Full English Breakfast" mit Spiegeleiern, Weißbohnen, Speck, Kartoffelrösti, Blutwurst, Bratwürstchen, Tomaten und Champignons auf Buttertoast. Eine vor Kalorien und Kohlehydraten explodierende Frühstücksmahlzeit, die selbst um 16:00 Uhr als vollwertiges Abendessen gelten kann. Der gewichtige Imbiss geht zurück auf jene Zeit, in der zwölfstündige Schichten auf den Werften von Liverpool oder untertage in den Stollen von Wales die Norm waren.

Enge Fernstraßen mäandern in Richtung der walisischen Küste, durch eine ländliche Idylle, wie man sie in anderen Ecken Europas kaum findet. Kleine Dörfer mit romantischen Häusern aus Felsgestein und mit Schiefer gedeckten Dächern tauchen entlang der Strecke auf. Saftig grüne Wiesen voller blökender Schafe, Bäche mit dunklen Wassern oder vom Wind gekräuselte einsame Seen inmitten bläulich schimmernder Bergrücken. Der Himmel schickt einige spektakuläre Wolkentürme vom Atlantik und sorgt so für einen dramatischen Wechsel von Licht und

Schatten. Kaskaden aus Sonnenschein tasten einem Suchscheinwerfer gleich über Hügel, Wasserlöcher und durch menschenleere Täler, die mehr und mehr zu einer mystischen Kulisse werden. Eine steil ansteigende Straße, die kaum mehr als ein geteerter Feldweg ist, führt über Pässe und Serpentinen hinunter nach Minffordd, einem Dorf zwischen den felsigen Schluchten des Cadair-Idris-Bergmassivs gelegen. Der Ort selbst besteht im Grunde nur aus einem halben Dutzend Häusern, und eines davon birgt die gediegene Unterkunft „Gwesty Minffordd Hotel", ein geschichtsträchtiger Bau, eingeschlossen in einem landestypischen Fundament aus Felsbrocken. Sein kauziger Besitzer zieht alle Register des viel gerühmten britischen Humors und bringt Neuankömmlinge regelmäßig mit einem Stakkato aus trockenen Sprüchen standesgemäß ins Schleudern. Ohne eine Miene zu verziehen lässt der Hausherr seine Gäste mit ihren Wünschen und Fragen regelmäßig auflaufen – nur um Sekunden später, die allgemeine Verwunderung auskostend, alles mit Nonchalance und zum Besten aufzulösen. Das Haus ist in Wahrheit traumhaft schön und sein historisches Interieur bis ins Detail restauriert. Die Gästezimmer blitzen und die blütenreinen Bettbezüge sind steif vor lauter Pflegemittel.

Beim abendlichen Ale im plüschigen Gesellschaftszimmer verrinnt die Blaue Stunde im Handumdrehen. Der Landlord und Hotelier mischt sich zuweilen von der Theke aus mit markigen Gesprächsbeiträgen ein, etwa zum wechselhaften Wetter hierzulande und der angeblich desaströsen Politik der Europäischen Union. Immerhin schulde Griechenland nach seiner Rechnung dem Vereinigten Königreich ein Vermögen: 120 Milliarden Pfund, von denen seine herrliche Heimat mutmaßlich nicht einen einzigen Pence wiedersehen würde. Glücklicherweise bleibt bei der Gelegenheit die Zimmerrechnung im Bereich belastbarer Kalkulationen.

Burg Harlech *an der* Cardigan Bay *in Wales*

Ritt auf dem Kondensstreifen
Rund um Criccieth, Nord-Wales, 2015

Wenig belebt einen Tag mehr, als ein Fußmarsch am frühen Morgen. Er beginnt am charmanten Landgasthof in Minffordd, als ein leichter Regen einsetzte. Bergauf, immer weiter einen glitschigen Trampelpfad hinauf, geht die Tour. Weiter unten, am Ende einer langgestreckten Schlucht, schimmert der See Tal-y-Llyn wie ein blank polierter Onyx zwischen schroffer Felskulisse und lässt die Richtung erahnen, in der die letzte Nacht einen erholsamen Schlaf in guter Landluft gestiftet hatte. Noch vor Sonnenaufgang, noch ehe der kauzige Hotelbesitzer das opulente Frühstück im originell dekorierten Speiseraum aufgetragen hatte, erschütterte jäh ein ins Mark gehender Donner die Stille. Ein Hawk-Düsenjäger der Royal Air Force hatte das Terrain überflogen und die Lage sondiert. Tatsächlich proben die Luftwaffen verbündeter NATO-Staaten in der Abgeschiedenheit der walisischen Bergwelt den Luftkrieg, was dem angrenzenden Nationalpark rund um den Cadair-Idris den Spitznamen „Mach Valley" – „Überschalltal" – eingebracht hat. Und während der ungemein belebende Track immer höher den Berg Cadair-West hinaufführt, dröhnen in der Ferne schon die Triebwerke der Kampfflugzeuge. Einige Schafe glotzen verdutzt aus ihrem wolligen Pelz, als kurz darauf eine Formation von Tornado-Jets im Tiefflug auftaucht und auf Kondensstreifen reitend zwischen zwei Steilhängen hindurch schießt. Die Düsenjäger erscheinen zum Greifen nahe und der Krach ihrer Turbinen verschlägt einem schier die Sprache. Noch ehe sich Einzelheiten erspähen lassen, sind die grau getarnten Maschinen auch schon von ihren Piloten gewendet und rasant in ein benachbartes Tal gelenkt worden. Augenblicklich kehrt die Ruhe zurück, die Natur gehört wieder zwitschernden Lerchen und den blökenden Schafen.

Wales und seine 13 Grafschaften faszinieren: Auf wenigen Meilen wechseln spektakuläre Berglandschaften, in denen die unzähligen Schafe wie weiße Schönwetterwolken auf grünem Grund wirken, mit felsigen Tälern und einsamen Seen. Diesen folgen urwüchsige Kleinstädte, die

verblüffen, weil historische Bausubstanz nicht zu einem reinen Freilicht-
museum verkommen ist, sondern lebendiges Gemeindewesen in
historischem Umfeld Bestand hat. Dort gibt es duftendes Ingwerbrot,
süßsaure Lemontart, frische Pfannkuchen, sättigende Gurkensand-
wiches oder selbstgemachtes Eis zu kaufen. Küste und Hinterland
reichen sich buchstäblich die Hände, indem die Gewässer aus den
Bergen in weit auslaufenden Geröllhalden über Brackwasser dem Meer
entgegenrinnen. Zu besichtigen ist all dies mit dem Auto – oder an Bord
des Coastliners, einer historischen Eisenbahnlinie, die entlang der Küste
eben all jene eindrucksvollen Ecken von Cymru berührt. Zum Kapital
dieser Region gehören etwa 850 sehenswerte Burgen. Für jeden
Geschmack ist etwas dabei und ein euphorisches Gefühl von Urlaub
macht sich breit, als gegen Nachmittag die Sonne vom wieder wolken-
losen Himmel auf den Strand von Barmouth brennt. Grell wirft der
feinkörnige Sand das Licht zurück, und die Palmen sowie würdige
Bürgerhäuser scheinen darin zu glühen, bis die Augen schmerzen. An
dem freundlichen Bild ändert auch die regelmäßig in Erscheinung
tretende britische Verteidigungsmaschinerie mit ihren lauten Über-
fliegern nichts, immerhin ein bedeutender Arbeitgeber im wenig urbaren
Wales. Wieder fauchen in der Ferne Düsenjäger vorüber, eine feine
Kondensspur in den blauen Himmel legend.
Der Weg führt entlang der weitläufigen Cardigan Bay nach Norden, bis
an die Mauern der Burg Harlech. So mag man sich eine Verteidigungs-
anlage im Kinderbuchklischee vorstellen: Graue Grundfesten aus soliden
Felsblöcken überschattet von vier massiven Türmen, die mit gezackten
Schießscharten wie Kronen wirken und Feinden schon von weither
drohen. Ein Wassergraben, Zugbrücke und das stolze weiß-grüne
walisische Banner als flatternde Wimpel im Seewind komplettieren das
Bild. Die Anlage ist nicht nur besonders gut erhalten, auf Burg Harlech
hatte unter anderem Edward I. residiert; die adeligen Bande der Tudors
mit dem englischen Königshaus hatten sich dort geschlossen. Gleich auf
der gegenüberliegenden Seite der Bucht steht Castle Criccieth mit der
gleichnamigen Stadt. Die walisische Küstenlinie erweist sich als offensichtlich gut behütet vor allzu forschem Entdeckergeist von See.

Eine stille Brandung nippt am steinigen West Beach von Criccieth. Der milde Abend verwandelt die glatte Meeresoberfläche in einen silbrig glänzenden Spiegel und taucht den Himmel einem Aquarell gleich in rosé-, lila- und orangefarbene Schlieren. Von einer Anhöhe aus gut sichtbar grüßt mit dem Snowdonia Wales' höchste Erhebung. Makellos wie ein Vulkan auf einer japanischen Tuschzeichnung und sonderbar klar liegt der Solitär in der Abendsonne. Eine Batterie Düsenjäger kratzt weiter hinten fauchend weiße Kondensstreifen in den Himmel.

Museumszug auf historischen Gleisen

Shakespeare im Schieferabraum
Von Criccieth nach Betws-y-Coed, Nord-Wales, 2015

Keith Hamlet stellt sich als ein walisisches Urgestein heraus. Der Bildhauer, Maler und Landschaftsgärtner hatte zeitlebens an seinem begehbaren Kunstwerk – einem Schrebergarten voller fantasievoller Büsten, knorriger Statuen und bauchiger Fabelwesen aus Gips und Ton – im heimatlichen Criccieth gewerkelt. Seine Studien der Bildenden Künste hatten den gealterten Schöngeist und seine Frau einst nach Germany geführt, weshalb aus seinem von einem weißen wallenden Vollbart verdeckten Mund nun fein pointierte Sätze auf Deutsch zu hören sind. Die Gestalt wirkt ein wenig wie der Geschichte von „Der alte Mann und das Meer" entstiegen: Der Romanprotagonist versucht der Natur einen kapitalen Fisch abzutrotzen, der ebenfalls im Herbst des Lebens stehende Keith seinem Garten ein Kunstwerk. Dieser Keith mit dem an eine shakespearesche Tragödie erinnernden Nachnamen Hamlet war die Etagen über steile Stufen bis ins oberste Geschoss in eine der geräumigen Gästewohnungen emporgeächzt. Hoch oben im vierten Stockwerk unter dem Schrägdach seines Hauses war es einfach, aber gemütlich, ordentlich und praktisch zugleich. Und mit einem fantastischen Weitblick hinunter auf die Marine Terrace, die Küstenstraße an der West Beach bis weit hinaus auf das offene Meer. In der Ferne die südlichen Ausläufer der walisischen Künste.

Keith hatte für das abendliche Dinner einen urigen Pub vorgeschlagen, eine vor allem bei Einheimischen beliebte Adresse abseits der Innenstadt, versteckt hinter dem Bahndamm. Beim perlenden Bitter Ale gab es „lovely Fish&Chips", im Bierteig geschwenkten Kabeljau mit Essig und gehaltvoller Remouladensauce serviert: „Croeso!" – „Willkommen!"

Für das Frühstück empfiehlt der Bärtige nun indes eine Konditorei mit kleinem Café direkt in Criccieth. Wer eine Schwäche für Selbstgebackenes hat, ist im Ortskern genau richtig aufgehoben. Die Inhaberinnen zaubern schmackhafte Sandwiches, herzhaft belegte Toast und kleine Gerichte. Das „Full Welsh Breakfast" darf natürlich auch hier nicht auf der Speisekarte fehlen. Lauter gehaltvolle Grundlagen, um einen ganzen Tag am und auf dem Yr Wyddfa, den Berg Snowdon, zu überstehen. Rund um den weitläufigen Fuß des Bergs erstrecken sich weitgehend unberührte Landschaften, die zum Nationalpark deklariert worden sind. Zahllose Pfade laden zum Marsch durch Wälder und Wiesen ein – die mit 1.085 Metern höchste Erhebung von Wales immer im Blick. Genau hier, am Rande landschaftlicher Vollkommenheit, waren die Geologen auf reiche Schiefervorkommen gestoßen. Zum Dreh- und Angelpunkt für das begehrte Handelsgut hatte sich die Kleinstadt Llanberis entwickelt. Herrlich an einem See gelegen, führten von hier diverse Eisenbahnlinien bis zur Küste. Auf schmaler Spur rollten einst die Loren – beladen mit Baumaschinen und Kohle in die eine Richtung, bepackt mit Schiefer-platten in die andere. Die Dachschindeln aus flach geschlagenem Schiefer decken bis heute die Häuser manch markanten Baus in London, Boston, Paris oder München. Früher waren sie ein gefragtes walisisches Exportgut, das Jung und Alt vereint in Arbeitsgruppen untertage schlugen. Doch nur ein Bruchteil des geborgenen Materials taugte auch für den Verkauf. Infolgedessen hatten sich riesige Gebiete rund um die Mine in kilometerweite Mondlandschaften verwandelt: Aschgraue Geröll-halden aus Abraum, eine Art Endmoräne der Industrialisierung, die einen Eindruck davon vermitteln, wie weit der Mensch ins Erdinnere vorgedrungen war und was seine Hände zu bewegen vermocht hatten. Mit der industriellen Revolution bediente man sich dafür zunehmend unförmiger Apparate – aus heutiger Sicht abenteuerlich wirkende, dampfbetriebene Maschinen. Die Stanzen und Pressen verraten auf rostigen Plaketten ihre Herkunft: „West Yorkshire, Northern England". Eine Region rund um Bradford im Norden Englands, einst ein Zentrum industrieller Innovation und Revolution. All dies stellt heute ein Museum zur Schau, welches auf dem früheren Betriebshof der örtlichen Schiefer-fabrik zuhause ist.

So karg und abweisend die Hinterlassenschaft des heimischen Bergbaus auf der einen Seite wirkt, so idyllisch und unberührt erweisen sich wieder die Landschaften nur wenige Meilen weiter. Pure Sommerfrische, das bietet etwa die Gegend um die Kleinstadt Betws-y-Coed. Der Ort erstreckt sich entlang eines romantisch-verwunschenen Flusses. Zwischen altem Baumbestand mit ausladendem Astwerk schiebt sich kristallklares Wasser durch eine grüne Auenlandschaft, in der friedlich zwei Schimmel grasen – einer Fabel gleich. Ein Bild, das es so offenbar auch schon um 1844 und in Öl zu bestaunen gab, und welches zur Gründung einer Künstlerkolonie am Fuße des Berg Snowdon geführt hatte.

Zum märchenhaften Gesamtbild passt die gewählte Unterkunft, das Royal Oak Hotel, eine alteingesessene Herberge in einem Prachtbau aus Victorianischer Zeit, der mit zwei ausladenden Flügeln eine der noblen Unterkünfte dieser Gegend birgt. Plötzlich erscheint die Bleibe der Hamlets von Criccieth geradezu eremitenhaft, betritt man dieses Hotel und seine Zimmer mit den fünffach übereinander gestapelten Matratzen, den golden glänzenden Stehlampen und behaglich am Schiebefenster zurechtgerückten plüschigen Ohrensesseln. Wie das leibhaftig gewordene Traumbild britischer Gastlichkeit, eine geradezu fürstliche Bewirtung – damals wie heute gewiss nicht für eine Klientel von untertage schuftenden Kumpeln.

Walisische Bergarbeitersiedlung an den Brecon Beacons

Untertagewerk
Von Nord- nach Süd-Wales, Cardiff, 2015

Der Regen war zurückgekehrt und hatte dem Himmel seine kristallklare Fernsicht genommen. Zum grau-trüben Tag passt der sich anschließende Abstieg in die düstere Stollenwelt von Wales. Stand am Vortag die schieferverarbeitende Industrie unter freiem Himmel auf dem Programm, geht es nun in der engen Kapsel einer Grubenbahn 500 Meter in die Tiefe bis zu den Schieferadern und der Hinterlassenschaft Jahrzehnte währender Arbeit untertage. Die Verhältnisse entpuppen sich schon bei dieser Kurzvisite als nur schwer erträglich: Kaum schrillt eine Glocke am Zug, öffnen sich auch schon seine metallenen Gittertüren und man befindet sich in einem glitschig-feuchten Umfeld. Von überall sickert Wasser die Stollenwände herab, die dadurch noch dunkler, fast schwarz wirken. Kühl und klamm die Luft, jeder Atemzug schmerzt auf der Brust und wird zum weißen Nebel in der Düsternis, in der sich rasch eine beklemmende Atmosphäre breit macht. Hier unten, wo niemals die Sonne scheint, hatten die Kumpels an ergiebigen Fundorten riesige Höhlen aus dem Gestein gearbeitet, 20 oder 30 Meter hoch und ebenso tief. Nur langsam gewöhnen sich die Augen an die Dunkelheit, einige Schritte entfernt von der Grubenbahn. Allmählich werden jetzt drei winzige Funzeln wahrnehmbar. „Bei solchen Lichtverhältnissen arbeiteten die Leute damals untertage", erklärt der begleitende Tourguide nach einer dramaturgischen Pause dem verdutzten Publikum. Drei Kerzen in einem Raum, der einem Konzertsaal hätte Platz bieten können. Doch Lichter waren teuer – und mussten von den Bergarbeitern ebenso selbst bezahlt werden wie Seile, Dynamit und die Lizenz, überhaupt vor Ort tätig werden zu dürfen. Dem Grubenleiter verdankten sie ihre jeweiligen Konzessionen in diesem lebensfeindlichen Umfeld. Wer dabei nicht ausreichend Bestechungsgelder bot, bekam vom Boss nur einen schlechten Abschnitt in der ewigen Finsternis zugeteilt. Ob ertragreiche Ader oder magerer Bruch: Die Schinderei war überall dieselbe und erst an der Oberfläche ließ sich zweifelsfrei klären, welche Güte der geförderte Schiefer wirklich hatte.

Meist schufteten ganze Familienclans gemeinsam an einem Abschnitt – Söhne, Väter, Großväter. Aus Armut leisteten sie sich nur das Nötigste. Und das hieß: kaum Beleuchtung und nahezu völlige Dunkelheit. Hinauf ins Dorf begab man sich sowieso nur zu besonderen Anlässen oder an den Wochenenden. Diese archaischen Verhältnisse in lebensfeindlicher Umgebung fanden erst im 20.-Jahrhundert ein Ende. Doch als die Kinderarbeit verboten und den Kumpels mehr Arbeitsschutz bei besserer Bezahlung zustanden, lohnte sich der Betrieb der Grube ohnehin nicht mehr. Aus China kam und kommt fortan der weltweit meiste Schiefer.

Wieder oben auf dem Parkplatz wirft der Wind feinen Niederschlag in dürren Schlieren über eine grau-schwarze Wüstenei. Zwischen felsigen Bergwänden ist der unbrauchbare Schieferabraum dem Ort Blaenau Ffestiniog bedrohlich nahegekommen. Quasi als ein Relikt aus den Zeiten des aktiven Bergbaus schnaubt unten in der Kleinstadt eine rekonstruierte Dampflok mit historisch nachempfundener Personenzuggarnitur über jene Gleise, die damals für den Transport von Geräten und Schiefer gelegt worden waren. Es wird Zeit, weiterzukommen. Die trübe Umgebung, der regnerische Tag – es ist erstaunlich rau in diesem Teil von Wales.

Je weiter der Weg nach Westen führt, desto mehr klart es wieder auf. Das wechselhafte Klima des Atlantiks sorgt dafür, dass der Regen völlig nachgelassen hat, kaum dass der malerische Fischerort Caernarfon erreicht ist. Yachten und Fischerboote dümpeln am Quai und die gewaltige Festungsanlage im Hintergrund steht in enger historischer Verbindung mit dem Jahr 1284, als dort der spätere König Edward II. das Licht der Welt erblickt hatte. Im Windschatten der Burg befindet sich auch die Einfahrt in die Menai Passage, ein nur wenige Hundert Meter breiter Meeresarm, der den Großteil Britanniens von der Insel Anglesey trennt. Zwei monumentale Brücken sind parallel an der schmalsten Stelle der schiffbaren Durchfahrt geschlagen worden, was aus dem Eiland de facto eine Halbinsel macht. Schmiedeeiserne Träger und Stahlseile tragen die inzwischen denkmalgeschützten Konstruktionen. Mit ihren detailreich ausgeschmückten Elementen erinnern sie entfernt an die Tower Bridge in London. Am anderen Ufer angelangt findet die kurze Erinnerung an die ferne Hauptstadt schon ein jähes Ende, denn hier treffen walisische Kauzigkeit auf britischen Humor: Mit „Llanfairpwllgwyngyllgogerychwyrndrobwllllantysiliogogogoch" taucht eine Kleinstadt mit dem laut dem Buch der Rekorde längsten Ortsnamen der Welt auf – und mit Sicherheit dem unaussprechlichsten. Er bedeutet so viel wie „Die Kirche der heiligen Maria in der Aushöhlung der weißen Haselnuss in der Nähe der rauschenden Stromschnelle und der Tysilio Kirche bei der Roten Höhle", was angesichts der weitgehenden Einöde in der Nähe zweier Hängebrücken gleichfalls an ausgemachten Blödsinn grenzt. Dem Stadtsäckel hilft diese Skurrilität indes mühelos über so manches Finanzloch hinweg. Dutzende Reisebusse steuern täglich ein Einkaufszentrum an, das rein zufällig gleich gegenüber dem weltberühmten Bahnhof mit dem mehrere Fuß langen Namensschild aufgebaut worden ist. Zinnteller, Pint-Gläser, Wimpel – allerlei touristischer Nepp, mit dem nun Kasse gemacht wird.

Weit weniger prominent die Ausläufer der Insel Anglesey selbst, die sich gleich hinter dem touristisch aufbereiteten Namensrummel anschließen: Zwischen grün-grauem Schilf in einer kargen Dünenlandschaft erstrecken sich zersiedelte Dörfer entlang einer rauen Küstenlinie. Der Atlantik drückt hier bei Sturm erbarmungslos an Land und die schmalen Wege werden unübersichtlich. Mal steht hier, mal dort ein einsames Haus. Kaum ein Auto ist auf den kurvenreichen Straßen unterwegs, die mal dicht an der brodelnden Gischt des Wassers, mal durch sandige Ödnis verlaufen. Besonders einladend wirken weder die Ortschaften, noch der kleine Flugplatz „RAF-Valley", dem Ziel dieser Fahrt. Im Nirgendwo zwischen jener ländlichen Küstenregion und dem für den Transitverkehr nach Irland wichtigen Fährhafen Holyhead befindet sich diese Luftwaffenbasis. Von hier aus starten jene Düsenjäger-Rotten, die weiter östlich beinahe täglich durch die walisischen Schluchten des Cadair-Idris-Bergmassivs jagen. 2007 hatte die Regionalregierung in Cardiff die Erweiterung von „RAF-Valley" zum Zivilflugplatz besiegelt. Mit Fördermitteln der nach Meinung vieler Einheimischer „völlig unnützen" Europäischen Union wurde erstens ein kleiner Abflugterminal aufgebaut

und werden zweitens die täglich zweimal verkehrenden Flug-
verbindungen in die walisische Hauptstadt subventioniert. Für schlappe
24 Pfund – der Zug wäre teurer gewesen – geht es mit einer kleinen
Propellermaschine hoch hinaus. Hinauf über die zurückgekehrten
Wolken und damit wieder der Sonne ein Stück näher. Das kaum 20
Plätze zählende Flugzeug vom Typ Jetstream ist ausgebucht und binnen
45 Minuten durchmisst es bei ohrenbetäubendem Lärm dieses wunderbare Wales von Nord nach Süd.

Fast jeder Flug bleibt auf irgendeine Weise besonders und in diesem Fall
bietet sich ein grandioses Schauspiel: Eine Tür zum Cockpit gibt es in
der British Aerospace J-31 nicht. So kann quasi aus der ersten Passagier-
reihe den beiden Piloten über die Schultern und direkt aus den Fenstern
der Kanzel geblickt werden. Als das Flugzeug sein Ziel fast erreicht hat,
bricht die Wolkendecke auf. Die Sonne sticht auf die Ausläufer von
Cardiff, die Kapitale des kleinen Gliedstaats. Sie liegt auf der nördlichen
Seite des Bristol Channels an einer Stelle, da die Fluten des Atlantiks
sich mit jenen des Flusses Severn treffen. Gut erkennbar am gegenüberliegenden Ufer: Die Nordküste der englischen Grafschaft Avon und dort
irgendwo im Dunst die Stadt Bristol. Die Jetstream überfliegt derweil die
Innenstadt von Caerdydd, wie die cumbrische Hauptstadt auf Walisisch
hieß, und folgt der Küstenlinie. Die Klippen dieser Gegend sind etwas
Besonderes, ein Unikum der Natur: Die Abbruchkante aus gelblichem
Sandstein ist millionenfach in gleichförmige Teile gesprungen und wirkt,
als hätte sie jemand aus immer gleich großen Bauklötzchen aufgetürmt.
Ein Blinzeln reicht aus, um in ein ergreifendes Farbspiel einzutauchen:
Der steinige Strand, die ruhige Dünung, das trübe Wasser, die blau-grün
schimmernden Hügel am englischen Ufer gegenüber und darüber der
blaue Himmel verschwimmen zu einem Gesamtkunstwerk. Inmitten
dieses Kaleidoskops aus Strukturen und Pastellfarben taucht die Landepiste auf. „Five ... four ... three ... two ... one – touch down", zählt der
Co-Pilot die Flughöhe bis zum Aufsetzen an. Mit Sonne begrüßt der
Sommerabend seine Gäste.

Cardiff erweist sich im Gegensatz zum nördlichen Teil von Wales als stark anglisierter Ort. Jede x-beliebige Straßenszene der walisischen Hauptstadt legt die Vermutung nahe, es handle sich um eine durch und durch englische Metropole, in der inzwischen das Nachtleben entbrannt ist. All die jungen Leute stehen sich da an den Einlasspunkten zu den derzeit aktuellsten Clubs die Beine in den Bauch. Aufgeregtes Rufen und Winken, am liebsten wollen alle mit ihren Cliquen als Gruppe eingelassen werden. Während in der zentralen Einkaufsstraße ordinär kichernde Prostituierte auf der Bildfläche erscheinen und mit Einladungskarten für ihre Stripshow wedeln, tingeln Penner und Säufer ziellos zwischen einem geschnorrten Ale im Pub und einem gepflegten Rauswurf.

Kontrovers und als eine sonderbare Sammlung von Geschichte und Geschichten präsentiert sich nach dem nächtlichen Cardiff auch die Historie von Castell Cyfarthfa. Etwa eine Autostunde nördlich der walisischen Hauptstadt bietet es Einblick in die Lokalgeschichte des Landes und in eine geradezu maßlos wirkenden Vergangenheit. Nur Tage zuvor war der entbehrungsreiche Alltag der Grubenarbeiter im heimischen Bergbau erlebbar gewesen, die beispielsweise die Willkür von Chefs und eine schlechte Entlohnung erdulden mussten. Nun präsentiert sich die Besitzung eines von diesem System begünstigten Teilhabers mit extrem ausschweifendem Lebensstil. Die nach Art einer mittelalterlichen Burg errichte Bleibe mit riesigem Park hatten seine Eigentümer erst um 1825 fertigstellen lassen. Den an ein märchenhaftes Schloss erinnernden Bau flankieren Türme und schnittige Friese. Eingefasst ist das Areal von einem Wassergraben sowie hoch aufragenden Mauern aus groben Felsbrocken. Trotz seiner festungsartigen Anmutung und der unverhohlenen Anklänge an Windsor Castle handelt es sich allein um den privaten Landsitz eines Großindustriellen. Dies war das Privathaus des an Ort und Stelle produzierenden Eisen- und Stahlmagnaten William Crawshay. Es sollte ihm und seiner Teuersten ein Leben in Saus und Braus bieten. Die Liegenschaft zeigt sich bildlich gesprochen als die andere Seite einer Medaille, auf der die körperliche Last vieler Kumpels im ewigen Dunkel einer Grube gestanden hatte.

Spätestens drinnen entpuppt sich der selbst verordnete Miniaturpalast als teuer, aber geschmacklos. Da liegen Raubtierfelle und handge-knüpfte Teppiche aus Zentralasien auf Holzdielen beieinander, die bei ihrem Einbau wohl nach edlem Parkett aussehen sollten. Großformatige Ölgemälde eifern in grellen Farben dem Stil großer italienischer Künstler nach. In ausladenden verglasten Schränken steht scheinbar kostbares Porzellan und vergoldete Kaminintarsien dokumentieren Protz. In einem eigenartigen Kontrast dazu hängen viel zu klein geratene Kronleuchter unter der Decke. Abgeschirmt vom wirklichen Leben und im Verborge-nen König und Königin von England spielend, hatte die Familie von ihrer sonnenbeschienenen Terrasse aus freie Sicht auf die andere Seite eines weitläufigen Tals, an dessen Ausläufern die Hochöfen in ihren Fabriken qualmten. Aus der Distanz ließ sich bequem der Verlauf der Industrie-produktion in den eigenen Werkhallen verfolgen und dabei fürstlich auf der Veranda oder im privaten Park speisen. In aller Schnelle und in aller Bescheidenheit verprasste der Bauherr und Hochofenbesitzer mutmaß-lich das Äquivalent von 6.000 Jahresgehältern seiner ihm untergebenen Kumpels. Während Crawshay für seine Großvilla üppig Gelder ver-brauchte, darbten seine Angestellten nebenan. Eine derartige Maßlosig-keit konnte nicht gutgehen – und tatsächlich verschlang der Unterhalt des neohistoristischen Anwesens so viel Geld, dass die Familie schon 1908 die Liegenschaft in einem Akt von „sozialem Entgegenkommen" dem regionalen Stadtrat verkaufte. Das allmählich brisant gewordene finanzielle Abenteuer hatte sich elegant erledigt.

Die Ungleichheit von damals wirkt selbst Jahrzehnte später noch nicht überwunden. Rings um dieses eigentümliche Stückchen Privatleben reiht sich ein Bergbaustädtchen an das nächste, eine bescheidene Reihen-haussiedlung folgt auf die andere. Fremde fallen hier sofort auf und der Umgangston wird grob – wie die Landschaften hinter den Ortschaften.

Nachmittag in Bristol

Bristol Britannia
Bristol, Südwest-England, 2014

Eine herbe Brise treibt dicke Regenwolken aus Südwesten über das Land, und unten schimmert beim Blick über das grau-braune Wattenmeer atemberaubend die Redcliff Bay von Wales, auf der gegenüberliegenden Seite des Bristol Channels gelegen. Im Osten, in der unbestimmten Ferne, quert eine riesige Hängebrücke das schlammige Gewässer. Oben läuft der Verkehr über dem Motorway M4, der London mit der walisischen Hauptstadt Cardiff verbindet. Eine Aussicht, welche die Hausbesitzer des englischen Portishead von ihren Veranden und Wintergärten täglich haben. Der kleine Küstenort mit seinem interessanten Panorama und gewichtiger maritimer Vergangenheit nahe des Zufluss des Avon hatte anscheinend auch eine animierende Wirkung auf eine britische Trip-Hop-Band. Deren Mitglieder, aus dieser Gegend stammend, nannten ihr musikalisches Projekt Portishead. Doch irgendwie mag deren melancholisch-düsterer Sound aus den 1990er-Jahren so gar nicht zu den eleganten Fassaden des gleichnamigen Küstenorts passen.

Schon bald verlässt der regelmäßig verkehrende Doppelstockbus schwankend diese kleinbürgerliche Oase des Brit-Pops Richtung Avonsmouth. Wie der Name schon vermuten lässt eine Hafenstadt im Mündungsgebiet des Flusses Avon. Von dort sind es bis nach Bristol noch rund 14 Kilometer landeinwärts. Obwohl ungünstig weit von einem Zugang zum Meer entfernt gelegen und von einem extremen Tidenhub belastet, galt Bristol über Jahrhunderte hinweg als ein wichtiger Überseehafen des Königreichs. Das verblüfft noch heute, denn durch die enge Schlucht, die der Fluss Avon nimmt, konnten größere Schiffe nur mit äußerster Vorsicht und bei entsprechendem Wasserstand verkehren. Am Ziel wird die riskante Durchfahrt spektakulär von der Clifton-Kettenbrücke gekrönt, die schon seit 1864 eine Passage für den Fahrzeugverkehr hoch oben auf dem Scheitelpunkt der umliegenden Hügel bildet. Die Topografie ist herausfordernd: In Schneckentempo quält sich der Linienbus den steilen Hang hinauf, und wer glaubt,

75 Meter hoch über dem Gewässer zu einem bequemen Stadtrundgang durch Bristol starten zu können, täuscht sich. Mitten in der Stadt überwinden Straßen Neigungen von rund 16 Prozent. Zu Fuß gerät man also schnell an körperliche Grenzen, wenn Wege auf enge Serpentinen oder durch hängende Gärten führen. Etwa entlang des überaus stattlichen Bürgerhausensembles Royal York Cresent aus hellem Sandstein, der bei tiefem Sonnenstand rot zu glühen scheint. Beim Blick nach unten entfaltet Bristol etwas von einer opulenten Torte: Schichten von Zeit tauchen als Bauten verschiedener Epochen und über spektakuläre felsige Vorsprünge verteilt auf. Sie lassen erahnen, welche Perle die heutige Studentenstadt einmal gewesen sein muss.

Verdammt jung, schnell und kreativ kommt die City heute daher. Zum Beispiel auf der Cheltham und Gloucester Road, wo es sehr gut sortierte Musik- und Flohmarkthöker gibt. Die örtliche Hausbesetzerszene hat eigene Büros eröffnet und mit bunt gemalten Bannern ihre Forderungen an die Politik nach fair berechneten Mieten plakatiert. Minimalistische Kleinkunstläden, düstere Punkbars, esoterische Buchhandlungen, mit flackernden Kerzen erleuchtete Yoga-Stuben oder mit alten Wohnzimmermöbeln originell dekorierte Cafés, in denen köstliche Pies serviert werden, schließen sich an. Überhaupt erweist sich Bristol vielerorts als eine würdige Vertreterin der Slow-Food-Bewegung, also der frisch und eben langsam zubereiteten Gerichte. Heftig tätowierte und gepiercte Kellner tragen ungewöhnliche Speisekreationen auf. In Lokalen, die zum Teil in alten Lagerhallen unter nackten Ziegelsteinen untergekommen sind, werden mit Kürbis-Walnuss-Feta-Honig-Pizza echte Sterne-Kochkünste geboten.

Diesem Mix stehen elegante Einkaufsstraßen gegenüber: Hier sündhaft teure Damenmoden in den Auslagen originalgetreu renovierter Art-Deco-Kaufhallen, dort belangloser Plunder weltweit agierender Dutzendmarken. Nebenan die heruntergewirtschaftete Passage des Haymarket sowie eine vielseitige Underground-Szene in Stokes Croft. Hinter Graffiti verschmierten Fassaden residieren angesagte Technoclubs. Überhaupt: Kunst aus der Sprühdose. Das scheint ein Markenzeichen der an hässlichen Betonmauern durchaus reichen Stadt zu sein. Dort toben sich viele Vorstadtkids als Sprayer aus und einige bringen es mit ihrer nicht unumstrittenen Street-Art zu beträchtlichem Ruhm, wie der mittlerweile als Künstler gehandelte Banksy. Er stammt aus Bristol und hatte hier seinen inzwischen oft kopierten Schablonen-Sprühstil kreiert: Gesellschaftskritische Personenbildnisse, die augenzwinkernd aktuelle politische Diskurse begleiten, wie etwa die millionenfache Bespitzelung von Mobiltelefonen und Internetanschlüssen durch Geheimdienste. Natürlich sind Graffitis an fremder Leute Wänden strafbar – erst recht, wenn es sich um die Fassade der in der Kritik stehenden Schlapphüte handelt. Und doch scheint niemand die wahre Identität Banksys enttarnt zu haben, nicht einmal die angeblich Allwissenden. Die Sprühdosenkunst füllt jedenfalls inzwischen Galerien in London ... Banksy bleibt gleichwohl anonym.

In einer solchen Anonymität tauchen dagegen auch andere Bürger Bristols unter. In oft dünnwandigen Wohnburgen verraten nur die Zahlenkombinationen an den immer gleich aussehenden Treppenaufgängen, wo Smiths, Thomsons oder Townsends leben. Hier schallt aggressive Rapmusik aus geöffneten Fensterspalten, neben den akustischen Grüßen auch Wolken von Marihuana. Ein derartiges Versteckspiel haben andere beim Drogenkonsum gar nicht nötig: Dauernd kiffen irgendwelche jungen Leute in Parks oder an den Kaianlagen im historischen Hafen, wo einige Museumsschiffe an der Kette dümpeln und um Touristen werben. Viel spannender als solche in Stadtplänen reihenweise verzeichneten „Attraktionen" sind indes die Ruderregatten auf dem sogenannten „Floating Habour", dem „Schwimmenden Hafen". Er ist mitten in Bristol entstanden, seit Schleusen den bis zu 13 Meter hohen Tidenhub des Avon regulieren und zumindest auf diesem Abschnitt dauerhaft für schiffbare Fluten sorgen. Regelmäßig treten hier die Studierenden der altehrwürdigen University of Bristol gegen die neue Elitehochschule University of West-England an. Nach Vorbild der berühmten Regatten von Oxford und Cambridge wetteifern auch im Südwesten Englands reihenweise Hünen um Medaillen. Sie legen im stattlichen 30er-Schlag schweißüberströmt die etwa zwei Kilometer lange Rennstrecke mit ihren Riemen-8ern zurück. Mit Ehrgeiz wird sogar bei Regen für neue Bestzeiten trainiert, und unter dem Jubel der Mitstreiter an Land feiern sie nun prestigeträchtige Siege.

Wenige Straßen hinter dem von sportlichem Enthusiasmus erfüllten Hafenbecken prallen wieder die Gegensätze aufeinander: Mittelalterliche Abbeys liegen neben Plattenbauten aus den 1980er-Jahren, hoch herrschaftliche Stadtvillen wie jene am Queens Square grenzen an schmucklose Wohntürme aus den 1970er-Jahren. Auf wenig sensible Weise sind auch anderenorts bauliche Lücken im Stadtbild geschlossen worden, die rücksichtslos geschwungene Abrissbirnen und deutsche Bomben hinterlassen hatten. Das eigentliche Ziel der Bomber war die „Bristol Aeroplane Company" vor den Toren der Stadt; sie hatte in den 1940er-Jahren ihre Hochzeit. Neben Passagierflugzeugen wie dem Trend setzenden Nachkriegsmodell „Bristol Britannia" wurden dort zu Kriegszeiten Militärmaschinen entwickelt, auf die es die Nazis mit ihren Angriffen abgesehen hatten.

Den Kriegswahnsinn überlebt hatte wie durch ein Wunder die Bahnstation Temple Meads. Sie ist eine der ältesten des Landes und fungierte immer schon als Eisenbahnknotenpunkt für die ganze Region. Dieser Rolle verdankt die Gegend um die sogenannte „zeremonielle Grafschaft" allerlei spektakuläre Stahlbrücken und Gleisverläufe. Die nahezu sakral wirkende Bahnhofshalle mit Spitzbögen und reich geschmückten Türmen ist ihr Dreh- und Angelpunkt. In dem Turmbau finden sich gewaltige Arkaden mit beliebten Lokalen für die Pendlerinnen und Pendler. Auf langgestreckten ledernen Sitzbänken können zum Beispiel „Eggs Benedict" genossen werden – in einem Ambiente, das ganz ähnlich auch in der „Grand Central Station" von New York herrschen könnte. Technische Entwürfe wie der Bahnhofsbau von Bristol aus der Mitte des 19.-Jahrhunderts und englische Ingenieurskunst im Speziellen erwiesen sich immer wieder als bauliche Vorlagen in der Neuen Welt jenseits des Atlantiks. Das hübsche Bild hier vermögen allerlei hässliche Büroanbauten mit asbestverseuchten und daher längst leerstehenden Etagen nur am Rande zu trüben. So bleibt mir nur noch ein letzter Schluck Darjeeling-Tee – und dann schnell auf den Bahnsteig.

Regen in Bath

The Roman Baths
Bath, Südwest-England, 2014

In Dunkelblau und Pink wirkt der abfahrbereite Intercity höchst modern. In Wahrheit verkehren die farblich aufgepeppten Dieselzüge schon seit Mitte der 1970er-Jahren auf dieser Strecke. Es sind sonderbar altmodische Waggons, bei denen man an den Türen erst von innen die Schiebefenster herunterziehen muss, um so nach draußen greifen und an die nur dort angebrachten Klinken gelangen zu können. Diese Art „Kindersicherung" hatte sich bei den britischen Eisenbahnen anscheinend seit der Erfindung der Dampflok nicht grundlegend verändert. Unterwegs kommt Regen auf und so ist bei der Ankunft in der Stadt Bath garantiert für einen klatschnassen Ärmel gesorgt.

Die Römer hatten um das Jahr 43 die britischen Inseln erreicht. Nach römischem Vorbild schufen sich die Invasoren – immer auf der Suche nach Komfort und Annehmlichkeiten – auch im fernen Britannien Bäder. Da traf es sich ganz vortrefflich, dass keine 20 Meilen südöstlich von Bristol heiße Quellen sprudelten und die kalten Tage in Anglia erträglicher machten. Was den römischen Besatzern von „Aquae Sulis" recht war, konnte den späteren Einwohnern von „Hat Batha" nur billig sein: Das heutige Bath ist bis jetzt der einzige Ort in England, der über Warmwasserquellen verfügt und diese in städtische Schwimmbecken umleitet.

Doch bei unermüdlichem Dauerregen fällt der Ausflug zum openair pool – den Roman Baths von Bath – buchstäblich ins Wasser. Das ist höchst bedauerlich, aber auch irgendwie passend für das immer wieder bemühte Klischee, welches von dem Land jenseits des Meers und seinem Klima kolportiert wird. Tatsächlich bieten Wetterkapriolen wie diese willkommene Anlässe, um mit gedrechselten Herrschaften am Wegesrand ins Gespräch zu kommen und gemeinsam in gepflegtes Schimpfen über den nicht enden wollenden Wolkenbruch einzusteigen: „That isn't really very nice, isn't it?"

Das schlechte Wetter scheint dabei nichts Besonderes für North Somerset zu sein, denn wohin man auch tritt haben aufmerksame Kräfte schon Eimer in die Eingangsbereiche gestellt, die mit Plastiktüten ausgeschlagen sind und so als improvisierte Schirmständer die gröbsten Pfützen aus den Verkaufsräumen fernhalten. Draußen verdüstert sich das Bild Stunde um Stunde, denn die für Bath typischen Sandsteinfassaden saugen sich mit jedem Tropfen immer weiter voll Wasser. Viele Mauern erscheinen so noch viel dunkler als sonst. Der Fußweg unterm Regenschirm führt entlang dieser Viertel und durch herrliche englische Gärten, in denen die Amseln gegen das laute Pladdern ansingen. Überstrahlt wird dieser Teil der Stadt vom Royal Cresent, einer barocken Wohnanlage. Im Halbkreis aufgestellt gibt sie einen wahrhaft feudalen Blick auf die sauber gestutzten Rasenflächen frei. Um die knappen Geschäftsräume der angrenzenden Innenstadt ringen seit jeher Feinkosthändler, die die Spezialitäten der Region in erlesener Aufmachung bereithalten, sowie vornehme Galerien und Firmenrepräsentanzen. Die britische Schriftstellerin Jane Austen hatte einige Jahre in Bath gelebt und offenkundig die Vorzüge von Thermalbädern und frischer Landluft, dazu die Schönheit der umliegenden Cotswolds Hügel schätzen gelernt. Auch im Stadtgebiet selbst finden sich abwechslungsreich gestaltete Grünflächen, etwa der Henrietta Park, die Sydney Gardens oder der Royal Victoria Park. Daneben noch zahlreiche Cricket- und Tennis-Courts, wo seit der Erfindung des modernen Rasenplatzspiels, samt der 1877 im fernen Wimbledon ersonnenen dezidierten Regeln, jeder Aufschlag kultiviert wird. Heute aber bleiben die an Pfützen reichen Anlagen verwaist. Also besser weiter durch die Stadt, in der bauliche Denkmäler wie die Pulteney Bridge grüßen. Während durch die Spitzbögen der Brücke unten der Fluss Avon in Richtung Bristol rauscht, laden oben seit jeher handtuchschmale Läden zum Einkehren ein. All die Herrlichkeit hilft alles nichts, denn der Regen hört einfach nicht auf. Wie ein begossener Pudel kommt so der Abschied viel früher als geplant.

Landung in Southampton

Bilderbuch England
Von Southampton nach St. Mary's, Scilly-Inseln, Süd-England, 2013

Die Hafenstadt Southampton hat Bodenfrost abbekommen, Autoscheiben sind gefroren. Über schmale Landstraßen und entlang eindrucksvoller Küstenabschnitte führt die Tour schließlich durch den Süden Englands nach Westen. Die Aussicht auf den Ärmelkanal ist überall atemberaubend. Vor der glänzenden Kulisse der Wasserstraße grüßen Buchten, dramatische Klippen und saftig grüne Koppeln, wo weißwollige Schafe weiden und stolzen Rappen grasen. Deren Besitzer machen dem Klischee des honorigen Landadels alle Ehren: Ihre Herrenhäuser – die stattlichen Manors mit wohlklingenden Namen wie Little Clarendon, Lanhydrock oder Lytes Cary Manor – reihen sich wie an einer Perlenschnur entlang nur der schönsten Landstriche. Die Eindrücke formen das Bild einer Gegend, die sich im Wechsel mit romantischen Kleinstädten als ideale Kulisse für die Verfilmung von Liebesromanen im Vorabendprogramm des öffentlich-rechtlichen Fernsehens eignen würden. Und der Begriff Manor transportiert irgendwie das Versprechen auf Wohlstand, britisches Understatement und Establishment. Wen wundert es also, dass unisono auf den Dächern und Türmen dieser Gutshäuser der blau-rot-weiß gezackte Union Jack – die Flagge des Vereinigten Königreiches – als symbolische Verbundenheit mit seinen Institutionen stolz im Wind weht.

Meile um Meile wechseln auf diese Weise schmucke mittelalterliche Ortschaften mit altehrwürdigen Burgen und Abbeys ab – wie eine Bilderbuchlandschaft. Jäh unterbrochen nur von architektonischen Ausrutschern wie dem „Azalea Roundabout". Der dreispurige Kreisverkehr ist ein betoniertes Ungetüm, das keineswegs Assoziationen mit einer Azalee weckt, in dem Fahrer vom „Kontinent" bei seitenverkehrtem Betrieb indes schon einmal die Orientierung verlieren können. Bis schließlich die Grafschaften Dorset, dann Devon und kurz hinter dem aus Romanvorlagen berühmt berüchtigten Dartmoor schließlich Cornwall erreicht ist – der südwestliche Zipfel des englischen „Festlands".

Je weiter die Entfernung vom maßstabgebenden London im Osten ist, desto schmaler werden die Landstraßen. Mit dichtem Ginsterbuschwerk sind die mäandernden Wege von Wind und Wetter abgeschirmt. Wie gelber Dotter leuchten die streng duftenden Blüten in knorrigem Gesträuch und – zack, schneidet ein Milchauto mit deutlich überhöhtem Tempo die enge Kurve. Ein Fasan mit prächtig buntem Federkostüm flattert aufgeregt vom welligen Asphalt davon. Dahinter geht der Blick auf die blau schimmernden Weiten des Meers.

Die Dünung ist eine Wucht. Der Atlantik schleudert sie mit der enormen Gewalt haushoher Wellen an die Steilküste von Cornwall, dabei geht nur ein mäßiger Wind. Im Sonnenlicht glitzert das Wasser, in dem sich majestätisch auf einem vorgelagerten Eiland ein Leuchtturm erhebt. Eine Orientierung für die Seefahrer, die von den schroffen Felsen der Porthcothan Bay einen natürlichen Abstand bewahren sollten. Trotzdem hatte dort unten manch stolzes Schiff sein nasses Grab gefunden. Zahllose Seeleute waren bei verschiedenen Havarien ertrunken. Die Tücken dieser Passage lassen sich so auch bei bestem Ausflugswetter erahnen. Inmitten einer plötzlich steil abfallenden Küste, gleich hinter einer weiten Heide- und Wiesenlandschaft, kommen Interessierte über eine Abfolge von in den Felsen gehauene Stufen dem grandiosen Naturschauspiel näher. Über Gänge und enge Wege sind hier Höhlen sowie Sandstrände erreichbar, die bei Ebbe freiliegen. Der Badebetrieb beschränkt sich hier wegen der starken Strömung nur auf wenige geschützte Buchten. Und bei noch immer winterlichen Temperaturen mitten im Frühjahr steigen nur einige wenige Surfer – in Neoprenanzügen geschützt – die Stufen im Felsen hinunter zum Meer.

Die zuvor erkundeten Landstriche tauchen bald nochmals und aus besonders eindrucksvoller Perspektive auf: An Bord einer Propellermaschine mit gerade 17 Plätzen führt die Reise weiter, hinaus auf den Atlantik. Die Twinotter folgt behäbig dröhnend der Küstenlinie. Aber als an dem kleinen Flugzeug schon die Motoren angelassen worden waren und es fast die Startposition erreicht hatte, gab es unerwartete Probleme. Die Hydraulik des rund 30 Jahre alten Oldtimers streikte, besorgte Gesichter bei den meisten Passagieren. Umkehren noch am

Boden, alle Gäste wieder von Bord, Nervosität im Wartesaal. 20 Minuten später aber hatte Captain John schließlich doch Vollgas geben können und war mit sonor dröhnenden Motoren auf das Wasser hinaus gedreht. Ein Glück, der Flug findet doch noch statt. In niedriger Höhe erscheinen zum Greifen nahe abermals die schroffen Felsen. Die Surfer sind dort immer noch im Gange und wirken – von den Panoramascheiben aus gut sichtbar – mit ihren glipschigen Gummianzügen wie Robben in der Gischt. Von hier oben aus eigentlich nur schwarze Punkte in der mächtigen Brandung, dahinter die Kleinstadt Newquay mit ihren ramponierten Gebäuden und schließlich die Koppeln und Weiden weiter westlich davon. Imposante Kurhotels liegen wie weiße Schatztruhen aus Elfenbein an markanten Punkten oberhalb des Atlantiks, dessen Wellen sich an den spitzen Felsen brechen. Hier und da ragen Türme aus Natursteinen auf, die an gewaltige Kamine erinnern und früher einmal die für diese Gegend berühmten Zinnminen beheimateten. Dann rückt unter der linken Tragfläche in der Ferne der Ort Land's End aus dem Blickfeld, die lieblichen Weiten Cornwalls verschwimmen zu einem dünnen pastellfarbenen Streifen und der weite Atlantik liegt voraus. Wie ein gewaltiger Spiegel glänzt der Ozean hinter den Cockpitscheiben, die die Passagiere von den Rückbänken aus gut einsehen können.

Der eindrucksvolle Flug neigt sich viel zu schnell seinem Ende, die Maschine schwebt schließlich über einer Anzahl Felsen und Inselchen in die Tiefe. Als hätte jemand wie zufällig Felsbrocken irgendwo im Meer verkleckert, lugt die Inselgruppe der Scillys aus dem Wasser: St. Mary's ist die Größte und auf einem kleinen Plateau liegt ihre kurze Landepiste. Ein leichtes Holpern – „Welcome to the Iles of Scilly". Das Dröhnen der Propeller im Rücken geht es mit wenigen Schritten hinab ins Tal und in den Fischerort Old Town, der seinem Namen alle Ehren macht. Goldig rot versinkt die Sonne hinter dem Horizont und goldig rot schimmert das frisch gezapfte Ale an der Theke des Atlantic Inn, einem urigen Pub an der Hafenmole. „Cheers", prosten bestens gelaunte Insulaner den Fremden zu.

Pubs sind wunderbare Schauplätze für Kommunikation

Miserables am Cromwell's Castle

St. Mary's, Scilly-Inseln, Südwest-England, 2013

Schon am nächsten Tag ist alles anders. Über Nacht war Wind vom Atlantik her aufgekommen und die See rauer als sonst. Tief hängen graue Wolken und fegen in Fetzen in geringer Höhe über die Inselgruppe. Es sieht nach Regen aus. Doch das hält die wenigen Gäste auf St. Mary's nicht davon ab, ihrem Programm zu folgen – Einheimische erst recht nicht. Wer in England Urlaub macht, weiß um die wechselhaften klimatischen Bedingungen. Trotzdem ist Eile geboten, denn die Auswahl an Verbindungen zwischen den verschiedenen Inseln hält sich in Grenzen. Hotelier Keith Champion tut es um das herrliche Frühstück leid, welches er in den gemütlichen Räumen seines Gasthofs aufgetischt hat. Nur ungern lässt man den redseligen Pensionsbesitzer und sein üppig dargebotenes „Full English Breakfast" zurück. Doch Mister Champion blinzelt stirnrunzelnd auf das seiner Meinung nach „miserable Wetter draußen" und mahnt zum Aufbruch.

Im Hafen von Hugh Town herrscht bereits Betrieb. An Bord einer feuerrot lackierten Schaluppe angelangt, lässt die Besatzung augenblicklich den Dieselmotor an. Nur zweimal täglich verkehren diese Fähren für einige Pfund hinüber zur zweitgrößten Insel Tresco. Fast 100 Leute kann der Kahn befördern, zwischen Schaumkronen im dunklen Wasser bahnt er sich schwankend den Weg durch das aufgewühlte Meer. Unterwegs in der Gischt klebt bald der Geschmack von Salz an den Lippen und man bekommt einen gebührenden Eindruck davon, wie ungemütlich es hier draußen erst bei einem wirklichen Sturm werden kann. Nur gut, dass eben nicht alle Baken Beans und sämtliches Rührei des Mister Champion vertilgt wurden. Denn dem einen oder anderen dreht sich inzwischen der Magen um.

Kaum 20 Minuten später haben die zahlenden Passagiere wieder festen Boden unter ihren Füßen und erreichen somit einen der schönsten Gärten Cornwalls. Die Tresco Abbey Gardens hatte August Smith ab 1834 auf den Resten des Adelssitzes St. Nicholes Priory angelegt. Der Golfstrom, der quasi vor der Haustür vorüber fließt, sorgt für ein durchgängig mildes Klima. So gedeihen hier exotische Gewächse prächtig; rund 20.000 subtropische Pflanzenarten sind es mittlerweile. Darunter Palmen aus der Karibik, Nadelbäume aus Nordindien, Orchideen aus Ceylon oder Kakteen aus Nigeria. Wer hier flaniert, besucht wie bei einer virtuellen Weltreise all die Kolonien des Empires, aus denen die Gewächse herangeschafft worden waren. Zwischen den Beeten sind liebevoll gepflegte Partien englischen Rasens angelegt, sodass nahezu ganzjährig ein zauberhaftes Labyrinth als wohltuend grüne Oase mitten im Atlantik erblüht. Wer durch das duftende Kleinod flaniert, fühlt sich ganz und gar wie bei Königen – trotz des trüben Tags mit seinem ungemütlichen Wetter. Tatsächlich beschäftigt die am Orte residierende Familie, die die Insel samt Garten seit Anfang des 19.-Jahrhunderts besitzt, einen Tross von Gärtnern. Diese halten den Park und alle Anlagen in tadellosem Zustand. Hinter Hecken ragt – wenngleich auch nur aus gebührendem Abstand sichtbar – das Schloss der Besitzer hervor, ein imponierendes Anwesen mit einem zentralen Turm, auf dem – wie schon vom „Festland" gewohnt – die obligatorische Flagge des Union Jack weht.

Als die herrlichen Gärten hinter mir liegen, setzt der erwartete Regen ein. Der Wind frischt merklich auf und der in feine Tropfen zerstobene Niederschlag steht fast waagerecht in der Luft. Aus den gut ausgebauten Fußwegen zwischen den größeren Siedlungen werden entlang der schroffen Küste schmale Trampelpfade, je weiter es an die Nordseite der Insel geht. Der Regen verwandelt sie in rutschige Schlammwege. Kein Mensch ist mehr weit und breit zu sehen, als der mächtige Wehrturm von Cromwell's Castle geisterhaft im Zwielicht des Nachmittags auftaucht.

Oliver Cromwell war Anführer der republikanischen Armee und bei militärischen Aktionen gegen Royalisten und Katholiken gleichermaßen nicht zimperlich. Die Spur der Verwüstung, die der Feldherr in Irland und dem heutigen Vereinigten Königreich hinterließ, war blutig. Und selbst die aus rund 140 Inseln bestehenden Scillys waren Anfang des 17.-Jahrhunderts unter den sich feindlich gegenüberstehenden Kräften geteilt. Der strategisch bedeutende Wachposten an der schmalen

Passage zwischen den Inseln Bryher und Tresco steht heute abenteuer-lustigen Besuchern offen, die dort nach Herzenslust auf historischen Treppenläufen herumtollen können. Eine perfekte Spielwiese für jüngere Gäste – auf den Spuren von Enid Blytons Fünf Freunden. Die jungen Helden der Jugendromanserie jagen in ihren Geschichten entlang der Küste Cornwalls immer wieder fiktive Schmuggler und kommen düsteren Geheimnissen auf die Spur. Hier scheint eine der Vorlagen für diese Schauplätze gefunden zu sein. Den besten Blick über die Insel und ihre Umgebung bietet allerdings nicht der alte Turm, sondern das Cromwell's Castle selbst, das als Ruine weiter oben auf einer Anhöhe steht. Kaum ist diese erreicht, reißen die Wolken auf: Für einige Augenblicke strahlt der Himmel blau und die ganze miserable Umgebung glänzt. Über dem Atlantik scheint das Wasser derweil im Sturm zu brodeln. Auf einem Felsen in der Brandung erhebt sich ein Leuchtturm, dessen weiße Warn-lampe daher schon am Tag eingeschaltet ist. Die rotierenden Lichtkegel werfen ihren unheimlichen Schein in einen düsteren, menschenleeren Nachmittag. Doch die Zeit bis zur Rückfahrt auf die Nachbarinsel St. Mary's wird rasch knapp, das letzte Boot des Tages wartet auch bei Schlechtwetter nicht. Für heute ist Feierabend, schon liegt da die feuerrote Schaluppe am Kai zur Rückfahrt bereit. Vollbesetzt mit aus irgendwelchen Unterständen wieder aufgetauchten Gästen schippert die Barke durch die Inselwelt. Durchnässte, aber glücklich dreinblickende Menschen eilen in Gedanken schon voraus nach St. Mary's oder bleiben, so wie ich, gedanklich bei den verworrenen lokalen Eigentumsverhältnis-sen hängen. Die Scilly-Inseln gehören Seiner Königlichen Hoheit, dem Thronfolger Prince Charles, persönlich. Ein Hoch auf den Adel und das erkleckliche Sümmchen Pachtzins, das hier jährlich seinen Besitzer wechselt.

Die mysteriöse Idylle auf den Scillys und ihre Szenerie aus felsenfest in der Brandung thronenden Wehranlagen, Adelssitzen hinter Palmen sowie gedrungenen Fischerhäusern, denen inzwischen Victorianische Stadthausarchitektur zur Seite steht, passen perfekt zur rauen Um-gebung. Die Eilande bezaubern hinter jeder Weggabelung aufs Neue und wirken schon fast kitschig schön. Denn da sind ja noch die urwüchsigen Koppeln auf Tresco mit ihren stämmigen Pferden, den Schafen zwischen Ginsterbüschen und knorrigen Bäumen, die ihrerseits windschief am Rande sandiger Landwege gedeihen. Nicht zu vergessen Monumentalbauten wie das Star Castle, dessen Schanzen tatsächlich wie bei einem Stern strahlenförmig in alle Himmelsrichtungen gehen.

Das erste Ale des Tages im Mermaid Inn noch gleich an der Hafenmole ist redlich verdient. Ehe der Abend kommt und mit ihm ein weiteres Ale – samt „lovely Fish&Chips". Zusammen mit den fettigen Fischfilets tritt auch wieder Mister Champion in Erscheinung. Der Hotelier lässt sich haarklein alles erzählen. Beim Hinweis auf das besonders miese Wetter am Cromwell's Castle, macht sich bei ihm ein Grinsen breit, und er befindet: „Oliver Cromwell war schon immer miserabel."

Atlantik-Küste von Cornwall

Englands Ende
Durch Cornwall nach Exeter, Südwest-England, 2013

Da ist er wieder, der vielfach bemühte britische Humor. Den kann an diesem Morgen die kleine Hausfluglinie der Scilly-Inseln für sich reklamieren. Gleich vier Abflüge hat sie angekündigt, die um 7:42 Uhr, 7:46 Uhr, 8:03 Uhr und 8:07 Uhr starten sollen. Genau das ist der Punkt: Man kann sich bei solchen Absonderlichkeiten nie ganz sicher sein, ob das nun ein Scherz oder gelebter Ernst und in diesem Falle eine Kopie eines Londoner U-Bahnfahrplans sein soll. Jedenfalls erfahren die Passagiere beim professionellen Check-in, dass es tatsächlich vier Verbindungen gibt und sehr wohl ein Unterschied zwischen der 42er- und der 03er-Maschine besteht. Die Koffer bekommen automatisch ausgedruckte Anhänger verpasst, schon wieder ein Merkmal, das an London erinnert. Dann gleich raus zum Flieger und hinein in seine an einen Kleinwagen erinnernde Kabine.

Keine 20 Minuten nach dem Start – leider nicht „sharp", also haargenau, um 7:42 Uhr – setzt das Flugzeug schon wieder schwankend zur Landung an: Am äußersten Südwestzipfel Englands. Land's End heißt der Ort, der über einer schroffen Steilküste weit ins Meer hinausragt. Dort endet sprichwörtlich das Land der Briten und Engländer. Hier ist allerdings seit 1937 auch der Ausgangspunkt diverser Fluglinien hinüber auf die Scilly-Inseln. Über dem Platz dreht die Maschine und landet butterweich auf englischem Rasen.

Draußen hat sich ein ausgewachsener Landregen eingestellt. Alles scheint bestens gewässert zu sein und die geschwungenen Hügel von Cornwall sehen saftig grün im Dämmerlicht eines frühen Tages aus. Die Fluggesellschaft lässt es sich nicht nehmen, ihre Passagiere herzlichst zu empfangen und gratis mit Taxen bis ins nahegelegene Penzance weiter zu schaffen. Im Nu ist so die schmucke Kleinstadt an der Mount's Bay erreicht, in der eine mittelalterliche Felsenburg auf einer kleinen vorgelagerten Insel das Bild bestimmt.

Der Hafen ist, wie viele andere Kaianlagen entlang der Südküste Englands auch, vom extremen Spiel der Gezeiten abhängig. Bis zu 17 Meter beträgt die Tide an einigen Orten. Beim Eintreffen an der Hafenmole herrscht Ebbe und sämtliche Kutter und Segelboote liegen tief unterhalb der Hafenmauern mit dem Kiel im Schlick. Nur bei Niedrigwasser ist die in Privatbesitz befindliche Burg samt felsiger Insel zu Fuß erreichbar. Die Kleinbusse der drüben residierenden Baronetcy St. Aubyn rollen dann über einen Korridor aus Kopfsteinpflaster durch den Schlick, der nur Stunden später wieder gänzlich von den Fluten des Meeres überspült wird. Sobald sich das Wasser bedrohlich zügig wieder seinen Weg zurück sucht, ist das Inselchen samt der Burg nur noch per Boot erreichbar. So leben die Menschen hier entlang der schroffen Küste, bestens auf die lokalen Verhältnisse angepasst. Ebenso mit dem Umstand, dass auch hier HRH Prince Charles privaten Besitz hat, was jährliche Einnahmen in Millionenhöhe einbringt, wovon mit der Hälfte traditionell gemeinnützige Vorhaben in der Region finanziert werden.

Ganz so feudal ist es dagegen im feucht-nassen Grau eines Montag-morgens an der Hafenmole von Penzance nicht. Für kleines Geld serviert die redselige Heather mit ihrer Schwester im Habourview ein nach dem frühmorgendlichen Flug willkommenes „Full English Breakfast": Rösti, Schinken, Würstchen, Spiegeleier und weiße Bohnen. Alles unsagbar fettig angemacht, dazu einen Becher starken Kaffee. Der Tag kann jetzt richtig losgehen.

Es hatte etwas von der Geschichte jener rührseligen Miss Marpel, die in einer vielfach verfilmten Buchvorlage beherzt und in schlichter Alltags-garderobe den Zug ab Peddington besteigt – und unfreiwillig Zeugin eines Mordes wird. Ein solches Kapitalverbrechen bleibt an diesem Tag glücklicherweise aus, aber ältere Damen, die mit grauen Koffern, schäbig-schmuddeligen Mänteln und altmodischen Frisuren den kleinen Triebwagen Richtung Par besteigen – die gibt es in diesem Teil des Landes vielfach. Aus dem gut geheizten Abteil erscheint da noch einmal bei der Abfahrt die weitläufige Bucht in ihrer ganzen Pracht mit samt Inselburg hinter dem Bahndamm. Der Zug schwenkt ratternd ins Binnenland ab. Kleine Städtchen, majestätische Adelshäuser, steinerne Hubtürme von lange erloschenen Zinnminen, immer grüne Nadelwälder und Schafherden auf saftigen Weiden – dieser Eindruck bleibt ständiger

Begleiter, bis der Bahnhof von Newquay erreicht ist, von wo aus die Exkursion mit einem Mietwagen weitergeht. Die rührseligen älteren Ladys sind da unterwegs schon verlorengegangen – ohne, dass es zu einem Mord gekommen wäre. Zurück im leicht angeschimmelten Badeort, der dieser Tage vor allem für die Surfer in ihren Neoprenanzügen ein Paradies zu sein scheint. Wind treibt weiterhin dunkle Wolken über das Land und erstaunlicherweise wird es trotz des Dauerregens nebelig.

All die in Kriminalromanen ausgebreiteten schauerhaften Umschreibungen vom plötzlich umschlagenden Wetter, von trüben Tagen mit schemenhaften Gestalten in geisterhaft undurchdringlichen Wolkenwänden – sie stimmen und bekommen eindrucksvoll Gewicht, angesichts tatsächlich undurchdringlich wabernder Nebel und der darin verschluckten Umwelt. Von vielen markanten Orten bleiben so nur unscharfe Eindrücke, wie etwa Padstow mit samt Blick auf den River Camel. Tintagel, dessen steinernes Gebäude der Alten Post von 1350 im dicken Nebel wie die Kulisse für die Sage von König Artus und seinem Schwert Excalibur wirkt. Das Städtchen Tevistock 40 Fahrminuten weiter östlich mit seinen romantischen Steinfassaden bietet anschließend den Einstieg in die eigene Welt des Dartmoors. Nur zwei schmale Autostraßen kreuzen das weitläufige Naturschutzgebiet, ein Hochmoor mit finsterer Schönheit. Statt schlüpfriger Sümpfe breitet sich eine Heidelandschaft mit struppigen Ginsterbüschen und einzelnen Grünflächen entlang von Bächen und Weilern aus. Sie waren der Schauplatz vieler Thriller und Gruselgeschichten. Und tatsächlich wirken die einsam und verlassen gelegenen Wirtshäuser im wabernden Grau unheimlich. Sie bleiben ebenso am Wegesrand zurück wie die vom reichlichen Niederschlag schwarz gefärbten Mauern des berühmt-berüchtigten Princeton Gefängnisses mitten im Moor.

Als sich der Tag allmählich dem Ende neigt, bringt ein feines Blau plötzlich die grau-weiße Waschküche zum Leuchten. Die Wolken reißen auf und in einem diesigen Schein sorgen die Strahlen der Abendsonne für einen fantastischen Eindruck: Goldenes Licht in der vom Regen noch dunstigen Luft über dem weiten hügeligen Dartmoor, das die Menschen hier verständlicherweise magisch anzieht.

Saint Peter Port, *Hauptstadt von Guernsey*

Vom Regen in die Traufe
Von Süd-England nach Guernsey, Kanalinsel in Kronbesitz, 2013

Am klaren Himmel kreisen Möwen im Morgenlicht mit schrillen Schreien. Die Schlechtwetterfront ist über Nacht in sich zusammengebrochen. Der Nebel, der Regen, die Kälte – alles ist wie weggeblasen. Und das Geheimnis des wunderbaren Wandels liegt weniger in der veränderlichen Natur, als vielmehr im Dartmoor, das sich westlich, gleich vor den Toren der Stadt Exeter, in all seiner Weite und verstörenden Schönheit öffnet. Ein Gebiet, das von Bergrücken überschattet ist, die bis 750 Meter hoch aufragen – und so die trübe Nässe fernhalten.

Die Herberge nahe des Binnenhafens ist ein echtes Schmuckstück. Das St. Georges Hotel, ein ansehnlicher Bau aus Victorianischer Zeit, befindet sich in einer Reihe stattlicher Bürgerhäuser. Ein Glücksgriff! Eine liebevoll gepflegte Bleibe mit größtem Wohlfühleffekt. Ohne aufdringlich oder kitschig zu wirken, sind hier klassische Details geschickt in Szene gesetzt. Lampenschirme aus geripptem Stoff, die behagliches Licht verbreiten, schmiedeeiserne Treppengeländer, eine Auswahl historischer Fotos, etwas Plüsch und Flausch für das Gesellschaftszimmer im Parterre, in dem auch der kleine Speisesaal untergebracht ist. Durch die Fenster mit feinen, eingravierten Rillen strahlt das Licht auf den Esstisch, der sich in Windeseile mit einem erstklassigen „Full English Breakfast" füllt: Toast, Orangenkonfitüre, Kaffee und Saft sowie Bohnen mit Speck, Rührei, Schinken, Wurst und Rösti. Sehr opulent, eben „full".

Durch den Imbiss gestärkt geht es hinaus in den herrlichen Morgen – zu einem Bummel durch die wieder hergerichtete Altstadt von Exeter. Die Deutschen waren mal wieder die Übeltäter und hatten während des Zweiten Weltkriegs auch hier Zerstörungen angerichtet. Viele Lücken waren in die geschichtsträchtige Fachwerkarchitektur der schmucken Stadt „upon-Exe" gerissen worden, zwischenzeitlich mit neuen Bauten und neuem Leben ausgefüllt. Das von einigen als zu verspielt kritisierte Renovierungswerk samt einer Anzahl verbliebener Originale überragt weithin sichtbar die mächtige Kathedrale zu Karesk, wie Exeter auf Kornisch heißt. Ein eindrucksvoller sakraler Gigant, der allein schon durch seine schiere Ausmaße überwältigt. Die oft als „berauschendes Schmuckstück" bejubelte St.-Peter-Kathedrale war ab 1112 erbaut worden, als der Bischofssitz hierher verlegt worden war. Wenn die Sonne durch die farbigen Glasfenster scheint, erstrahlen wie schon Jahrhunderte zuvor bunte Muster auf den nun ausgetretenen Bodenfliesen. Steinerne Heilige wachen in dem Gotteshaus, lugen aus Nischen und fein gearbeiteten Steinbögen. Ein Organist begleitet die Morgenandacht in einer kleinen Seitenkapelle. Hier erklingt aus dem Hintergrund auch der glockenhelle Sopran eines anglikanischen Geistlichen in wallendem rotem Gewand. Zur stimmigen Szenerie fehlt es nicht an Weihrauch und flackernden Kerzen, betörenden Melodien zum Ausklang der Messe. Stunden ließen sich in dem imposanten Gebäude mit all seinem Schmuck und baulichem Reichtum verbringen. Doch bis zum Nachmittag soll die Tour weiter in Richtung Ärmelkanal führen. So bleiben nach einem Bummel durch die Altstadt nur der Weg zurück zum Wagen und die Abfahrt über den Motorway.

Unterwegs noch bestes Reisewetter, Sonnenschein und Wärme. Umso überraschender, dass die Weiterreise auf die Kanalinsel Alderney ein doch recht merkwürdiges Ende findet. Der joviale Abfertigungsagent der Aurigny Air Services wiegelt schon beim Check-in am Flugplatz von Southampton ab: Es ginge mit etwa 30 Minuten Verspätung los. Am Ende sind es 120 Minuten. Während man sich noch fragt, ob mit dem nicht mehr ganz neuen Flugzeug wirklich alles in Ordnung ist, rollt doch noch das an eine riesige Wespe erinnernde Ungetüm heran. Die „Briton Norman Trilander" besitzt wie der Name vermuten lässt drei lautstarke Motoren. Einzeln werden die Passagiere schließlich vom Lademeister in der engen Kabine platziert, um das Gleichgewicht erst am Boden und vor allem während des Fluges sicherzustellen. Ein Einsteigemanöver, das weitere Zeit kostet. Drinnen sieht es aus wie in einem Kleinwagen der 1960er-Jahre: PVC-beschlagene Sitzreihen und mit geripptem grauem Kunststoff ausgekleidete Seitenwände mit riesigen Panoramascheiben, sodass man ganz genau erkennen kann, wie die Bodencrew die Bremsklötze wegzieht und der Kapitän nacheinander die Propeller startet. Langsam und leicht im Wind schwankend geht es hinaus aufs

Meer, die Isle of Wright erscheint vor Southampton. Unter dem gelb-weiß lackierten Flugzeug funkeln die Wellen – und verschwinden urplötz-lich in dichten Wolken. Über dem gesamten Ärmelkanal liegt seit dem Morgen eine Nebelschicht. Sie trennt in einer scharf verlaufenden Achse das frühsommerliche Südengland von den – nun ja – in Wolkenmassen verschwundenen Inseln und ist für die Verspätung verantwortlich. Ver-brannte man sich bei bester Nachmittagssonne an Englands Südküste noch gepflegt das Gesicht, war es 45 Flugminuten weiter südlich unan-genehm kalt am Hals. Die ungewohnten Wetterextreme haben Folgen: Alderney kann nicht angesteuert werden. Die kleine, wie ein Fels in der Brandung trotzende Insel im Ärmelkanal, die laut Prospektbildern zauberhaft gelegen ist, in deren Nähe Atommüll in der Gischt versenkt worden war. Zweimal versucht der Pilot sein Glück, zweimal bricht er den Landevorgang ab. Jeweils taucht das Flugzeug in die Wolken ab. Kurz reißen hier und da die Nebelbänke auf, für Sekundenbruchteile ahnen die Passagiere die Brandung und Klippen in der Tiefe. Doch das Wetter ist einfach zu schlecht für eine gefahrlose Landung auf schmaler Piste, der Kapitän dreht ab – und setzt nach weiteren zehn Minuten im benachbarten Guernsey auf. Ende der Reise. Wer die Kanalinseln be-suchen will, muss flexibel bleiben.

Mont Orgueil, *Jersey*

Burgen im Nebelspuk

Guernsey, Kanalinsel in Kronbesitz, 2013

Liegt es nun am nicht enden wollenden Nebel, der alles eintrübt und auf Tage alle Flüge auf die Nachbarinsel Alderney unterbricht, oder ist die eigenständige Vogtei Guernsey tatsächlich die von einer spannenden Entwicklung eher abgekoppelte Stiefschwester der größten Kanalinsel Jersey? Als besonders eindrucksvoll bleibt Guernsey mit seiner kleinen Kapitale Saint Peter Port jedenfalls nicht in Erinnerung. Die Hafen- und Hauptstadt erscheint wenig aufregend. Allenfalls die imposante Lage an einer weiten, natürlichen Bucht, flankiert von der mächtigen Burg Castle Cornet an der Hafenmauer, sticht heraus. In den angrenzenden Gassen hinter den Kaianlagen ist alles sündhaft teuer. Gute Lokale sind trotzdem rar, sodass es abermals auf ein Set von „lovely Fish&Chips" hinausläuft. Das frittierte Kabeljaufilet ist kaum vertilgt, der Abend noch jung und die Stimmung im unerwartet aufgerissenen Nebel aufgeheitert, da sind bereits alle Bürgersteige hochgeklappt. Spätestens um 18:00 Uhr schließen alle Läden, das vordergründig mondäne Saint Peter Port wirkt rasch verwaist. Der öffentliche Nahverkehr auf dem Eiland hat sich den Verhältnissen angepasst. Das knappe Dutzend Buslinien steht still, kaum dass die regulären Geschäftszeiten enden. Wozu sollten Busse auch länger rollen? Diese Insel scheint sich allein auf die reiche Klientel und ihre Lebensart ausgerichtet zu haben. All die zugewanderten Millionäre und Milliardäre, die Angst haben, dass ihre Yachten einen Kratzer abbekommen und dass das Finanzamt jenseits der Meere doch noch eines Tages auf sie aufmerksam wird. Diese Leute haben auf Guernsey ihre Zweit- und Drittwagen zu stehen, vielleicht sogar einen Privatjet, residieren in Villen an den schönsten Ecken und den hübschesten Küstenabschnitten. Die zahllosen Privatbanken, die gediegenen Firmenrepräsentanzen und Rechtsanwaltskanzleien rund um Saint Peter Port – sie gehören zu einem Geflecht, das kreativ von Steuergesetzen Gebrauch macht und zu dem auch manche Schein- und Briefkastenfirma gehört. Redlich oder betrügerisch erlangter Reichtum mehrt sich hier auf wundersame Weise. So oder so sind die schönsten Ecken des Eilands meistbietend verkauft und verbaut. Der mächtige Betrieb an groß-formatigen Autos auf allen Straßen stört die einst beschauliche Idylle des kleinen Inselstaats. Umso tröstlicher der atemberaubende Blick über den Ärmelkanal. Von einer Anhöhe beim Ort Le Chene schimmern seine Gewässer silbrig grau. Der Himmel zeigt sich unentschlossen, schwankt zwischen kurzzeitiger Auflockerung und neuerlichem Nebel. Das zaubert ein unheimliches Zwielicht über die menschenleere Steilküste, wo die Ruine eines Wachturms aus massiven Felssteinen die Bucht überragt. In der Distanz, ganz weit entfernt im trüben Nichts der Blauen Stunde, funkeln die Leuchttürme an der französischen Küste.

Am nächsten Tag geht es neblig weiter. Die graue Wolkenwand liegt wieder schwer und zäh über Guernsey. An die erhoffte Fahrradtour durch grüne Felder und entlang üppig bewachsener Koppeln ist schwerlich zu denken. Der Nebel verschluckt die wenigen Passanten, die sich zu Fuß hinaus getraut haben. Es ist alles andere als gemütlich unter freiem Himmel. So geht die Rundfahrt besser im Linienbus weiter nach St. Pierre du Bois im Westen. Hier sieht es vollends aus wie in einer Waschküche. Kalte Polarluft aus dem Norden trifft über dem Ärmelkanal auf verhältnismäßig warmes Klima und lässt immer neue Nebelbänke aufkommen. Von Fern erklingt das Nebelhorn vom vorgelagerten Lihou Island. Schemenhaft ragt die Silhouette des Fort Grey auf. Das Meer ringsum hat sich mit gewaltigem Tidenhub zurückgezogen und gibt den Blick auf Felsen frei, die über und über mit Algen und Muscheln bewachsen sind. Die Burg bietet mit ihrem Marinemuseum eine Alter-native bei schlechtem Wetter sowie dem interessierten Publikum Ein-blicke in die Gefahren der Seeschifffahrt in diesen Gewässern. Die kleine Schau schildert unter anderem die spannende Arbeit der Berufsgruppe der Unterwasserarchäologen, die Schätze von Jahrhunderten im Schlick des Meeresbodens rund um Guernsey bergen. Dutzende Unglücksstellen zeigt eine Landkarte der Gegend. Erst in den 1970er-Jahren waren drei Fracht- und ein Tankschiff in den spitzen Felsen zerschellt und es hatte viel Mühen und Geld gekostet, die Stahlkolosse von den romantischen Küstenabschnitten wieder wegzubekommen.

Inmitten dieser landschaftlich grandiosen Wildnis hatten die Briten Teile ihres Atlantikschutzwals gegen die Deutschen errichtet. In Erwartung einer dramatischen Zuspitzung des Zweiten Weltkriegs hatte man an der Südküste Englands sowie eben auf den Kanalinseln Bunker und Flakanlagen gebaut. Die Bomber der Nazis sollten so unter allen Umständen noch vor Erreichen der Hauptinsel gestoppt werden. Doch im Frühjahr 1940 besetzten die „crouts" die Inseln im Ärmelkanal und errichteten ein Militärregime. Der martialische Auftritt der Deutschen wird heute als Erlebnisspektakel in einem Nazi-Museum inszeniert: SS-Motorräder, Geschütze, U-Bootmodelle – all der kriegerische Wahnsinn in tiefstem Dunkelbraun. Dabei entsteht der Eindruck, dass es wenig mehr als die Nazis in der bewegten Geschichte von Guernsey gegeben zu haben scheint. Jene düstere Epoche kam mit der Landung der Alliierten in der benachbarten Normandie 1945 an ihr Ende, die Freiheit der Vogtei war von einem auf den anderen Tag restauriert. Sowohl in Guernsey als auch im benachbarten Jersey.

Villen an der Küste von Jersey

Das Finanz-Perpetuum
Von Guernsey nach Jersey, Kanalinseln in Kronbesitz, 2013

Mittlerweile ist es Mittag und die Sicht noch schlechter als in der Früh, sogar schlechter noch als einen Morgen zuvor. Ein Blick auf die Abflugtafel von Guernsey Airport verheißt wenig Gutes: Fast alle Flüge sind auf unbestimmte Zeit verschoben, einige von vorneherein gestrichen und bei andern heißt es „Wait in Lounge" – „Warten im Abflugbereich".

Immerhin vermochte der junge Mann am Schalter ein wenig Hoffnung zu machen: Er könne zwar schon das Gepäck nach Jersey abfertigen und es stünde auch ein Flugzeug startklar bereit. Allerdings müsse sich erst das Wetter sowohl hier auf Guernsey wie auch am Zielflughafen bessern. Laut Anzeigetafel war seit dem Morgen kein Flieger abgehoben. Nun hatte man sich offenbar entschlossen, die Gäste aller möglichen Verbindungen auf einen einzigen Abflug zusammenzulegen. Chaos pur, wenn Messieur Nebel mit seinen Klauen nach den Kanalinseln langt.

Vom Restaurant im Obergeschoss des Terminals sind beim frisch gebrühten Arabica-Kaffee die Silhouetten einiger abgestellter Flugzeuge von Nebelschwaden umwabert zu erkennen. In den umliegenden Sitzreihen entnervte Gesichter, darunter auch bei einigen Passagiere, die Tage zuvor schon in Southampton den Flug nach Alderney hatten antreten wollen – und auf Guernsey gestrandet sind.

Ich glaube noch, mich verhört zu haben, als plötzlich der letzte Aufruf der Passagiere nach Jersey durch die Halle schallt. Während fast alle anderen nicht weiterkommen, startet jetzt dieser eine Flug pünktlich. Verblüfft von der erfreulichen Wendung geht es in schnellen Schritten zum Gate, wo auch schon der junge Mann vom Check-in auf Eile drängt. Sieben Passagiere gehen an Bord, und aus dem nebeligen Grau erhebt sich die Maschine zu ihrem Inselhopping ins benachbarte Jersey.

Nur 35 Kilometer und 15 Minuten Flugzeit trennen die beiden Vogteien, zwischen denen sich die Wetterkapriolen scheiden. Drüben auf Guernsey wabert weiter dichtes Grau bei winterlichen Temperaturen, hüben lacht die Sonne und sorgt für Frühsommerfeeling.

Auf den ersten Blick scheint auf den beiden verschwisterten Inseln vieles gleich zu sein: die gedrungenen historischen Landhäuser, die großzügigen modernen Villen, die auffallend vielen teuren Autos, die etwas zu engen Straßen und die wunderbar romantische Landschaft, in der sich sanfte Hügel und dramatische Klippen vor der Kulisse des Ärmelkanals abwechseln, überragt von einigen Festungsanlagen. Zwar gehören hier zur Hauptstadt Saint Helier einige Fabriken, gläserne Konferenzzentren und für ein überschaubares Eiland wie dieses etwas zu riesige Messehallen, die die Aussicht auf Fort Regent oberhalb der Hafeneinfahrt ruinieren. Doch die Kleinstadt selbst ist lebendig, die Menschen flanieren und erscheinen rundheraus vergnügt. Je weiter die Wege durch die Straßen führen, desto häufiger finden Gespräche auf Russisch, Spanisch, Italienisch oder Schweizer-Deutsch statt. Jersey bezieht seinen unermesslichen Reichtum – wie auch die kleinere Schwester Guernsey – aus Steuervorteilen und einem luftdichten Bankgeheimnis. Das treibt manch Oligarchen-Yacht in die subtropische Inselwelt aus Palmen und britisch anmutenden Cottages. All die Wohlhabenden, die selbstverständlich samt ihrer Entourage anreisen und über entsprechend große Häuser oder Wohnungen verfügen. Die aus Perspektive von Steinreichen mehr als angemessenen Domizile pflegen Heerscharen von Gärtnern und Hausmeistern, sodass von der fast fürstlichen Opulenz immer auch viele Einheimische profitieren. Eine Art Perpetuum mobile der internationalen Finanz- und Arbeitswelt als Ergebnis einer eigenartigen Kleinstaaterei mitten in Europa.

Zwischen diesen geradezu märchenhaften Verhältnissen erscheint auf Jersey der Freiheitswille der Insulaner ungebrochen. Die Hoteliers im entzückenden Kurort Beaumont unterstreichen ihn mit der Einladung, doch bei der laufenden Bürgermeisterwahl mitzumachen. Wer auch immer gerade auf Jersey weile, könne an der offenen Gesellschaft partizipieren – und seine Stimme abgeben. In direkter Nachbarschaft der praktizierten Demokratie: Eine überlebensgroße Statue von Queen Victoria, die zusammen mit den Bürgerhäusern dahinter die Inselhauptstadt Saint Helier krönt. Wie ein riesiger Hummer seine Scheren zur Abwehr nach vorne streckt, so ragen von Jersey zwei Landzungen hinaus ins Wasser. Sie nehmen – jeweils mit Burgen und Wehranlagen gerüstet – die St.-Aubin's-Bucht in die Zange. Bei Ebbe vergrößert sich die Grundfläche der Insel um etwa ein Drittel. Vor allem an dieser Bucht in Südlage liegt dann kilometerweit im Watt der graue Schlick. Darüber wie Tüll ein feiner Schleier, letzte Reste des Nebels, die Wasseroberfläche dahinter glitzert und eine Reiterin galoppiert feenhaft durch die Szenerie. „Gehen Sie doch von der Straße, Mister!" – huch. Hupen und sich stauende Autos oben an der Strandpromenade. Das großspurige Jersey zeigt wenig Herz für Passanten.

Während auf den Kanalinseln Guernsey und Alderney mit dem Guernsey-Pfund bezahlt wird, prägt die Verwaltung der Vogtei Jersey wiederum ihr eigenes Geld: das Jersey-Pfund. Die handlichen Scheine, die ein vortreffliches Mitbringsel abgeben, erkennt kaum eine Bank außerhalb der Kanalinseln an. Jeweils machen die Zahlungsmittel mit der zweiten Amtssprache Französisch auf: „Les etas de Guersey" respektive „Les etas de Jersey" steht da gedruckt. Hinter dem Kuriosum schimmert auch ein Rest französische Identität durch und eine Reminiszenz an die Zeit um 1200, als dem Herzog der Normandie alle Kanalinseln an die englische somit letztlich die britische Krone verloren gingen. Und heute gehören sie Ihrer Majestät der Königin. Die Bürgerinnen und Bürger des autonomen Kronbesitzes sind daher weder Teil Großbritanniens noch der Europäischen Union. Und doch reicht der lange Arm aus London selbstverständlich bis hierher. Entsprechend befördert die British Airways mehrmals täglich Passagiere mit ihren als „international" klassifizierten Verbindungen nach London. „Willkommen zurück im Vereinigten Königreich, falls Sie im Ausland waren", verabschiedet sich der Flugkapitän nach der Landung in der Hauptstadt.

Britische Pubs, bekannt für rustikale Speisen und mehr ...

Windsors Windschatten
London Heathrow, England, 2014

Die laue Spätsommerbrise beschwingt und der Union Jack flattert im Abendlicht. Rote Kreuze auf weißem Grund für England, Wales und Nordirland, weißes Andreaskreuz auf blauem Grund für Schottland. Eine Kombination, die für sich genommen lange schon selbst zu einer Art Handelsmarke geworden ist. Die rot-blau-weiß gezackte Trademark hat es bis auf Taschen, Stiefel, T-Shirts, Plattencover oder Socken geschafft. Die Punk-Ära in den 1970er-Jahren griff die markante Farbkombination in der weltbekannten Musterung als ein Grundmotiv auf. Doch nun ist nach rund drei Jahrhunderten für die Bewohnerinnen und Bewohner im Norden der britischen Insel – in Schottland – anscheinend der Zeitpunkt gekommen, Abschied aus der Union zu nehmen: Sie stimmen in diesen Tagen über ihre Unabhängigkeit vom Vereinigten Königreich ab. Der Urnengang liegt nur noch wenige Tage voraus und die britische Presse überschlägt sich mit Nachrichten zu den letzten Statistiken und möglichen wirtschaftspolitischen Folgen eines Ausscheidens Schottlands aus der Union. Wie der Ausgang des Referendums auch sein mag: So oder so ist ein historischer Moment für Großbritannien gekommen. Und möglicherweise ein historischer Moment, ein letztes Mal die bekannte Flagge des United Kingdoms – den Union Jack – an markantem Ort wehen zu sehen: London Heathrow Airport Terminal 5.

Das 5. und neueste Abfertigungsgebäude auf dem gigantischen Flughafenareal mit seinen vielen Rollwegen, Umlaufstraßen, Hangars, Autobahnzubringern, Parkgaragen und Unterführungen ist ein Wunderwerk aus Glas und Stahl. Sein Architekt hatte es so konzipiert, dass die Passagiere vom Eingangsbereich aus – ungewöhnlich hoch, in der fünften Etage – die steinernen Türme von Windsor Castle in nur vier Meilen Entfernung sehen können: Das stolze Schloss und zugleich Residenz des britischen Königshauses vor den westlichen Toren Londons gelegen. Die Anlage war um 1070 als Burg gegründet, aber erst im 17.- und 18.-Jahrhundert so prächtig ausgestaltet worden. Mit fulminanten Türmen, Höfen, Kapellen, Gräben und weitläufigen Gärten. In eben jene

Zeit des Aus- und Aufbaus fiel auch die Entstehungsgeschichte des Union Jack. Eine Flagge, der nach rund 300 Jahren womöglich bald schon das Blau abhandenkommen könnte, die dann so nicht mehr majestätisch über Windsor Castle wehen würde.

Das aktuelle Stimmungsbarometer aus Edinburgh und der letzte Stand statistischer Erhebungen flimmert mehrmals täglich über die Bildschirme im gesamten Königreich. Längst hat die bloße Aussicht auf ein mögliches Ausscheren eines Landesteils das Pfund unter Druck gebracht. Firmen entwickeln Notpläne, um im Falle des Falles ihre Pfründe und Repräsentanzen aus dem Norden schnellst möglich abzuziehen – und nach London abzuwandern. Sogar alt eingesessene Unternehmen wie die Royal Bank of Scotland oder der Schottische Lloyd wollen demnach ihre Heimat verlassen, sollte sich dort die Bevölkerung mehrheitlich für eine Unabhängigkeit vom Rest des Landes entscheiden. Starke Signale an jene, die die Eigenstaatlichkeit vorantreiben und in markigen Worten die Schmähungen und Benachteiligungen herausstellen, die Schottland ihrer Meinung nach über Jahrzehnte hatte erdulden müssen. Der Ölreichtum Schottlands würde danach von London als solide Einnahmequelle geschätzt; für die strukturschwachen Regionen am Atlantik interessiere sich aber angeblich keine Regierung. Das möchten einige Nordländer den politischen Entscheidungstragenden südlich des Hadrianswalls nun heimzahlen. Entsprechend angespannt verfolgen die politischen, gesellschaftlichen und wirtschaftlichen Eliten des Landes die hitzigen Debatten, die auch den Feierabend der Arbeiter und Angestellten begleiten, die nach getanem Tageswerk in den typischen Pubs einkehren.

Bierdurst und die Lust auf fettiges Essen – beides befriedigen die Kneipen mit ihrem rustikalen Tresenausschank. Etwa im King-Wiliam-Pub des Örtchens Sipson, haarscharf in Sichtweite der beflaggten Türme von Windsor Castle, an dessen Theke stark tätowierte Burschen mit Glatzen ihre Pints in einem Zug leeren, um sich dann lautstark über ihre Freundinnen, die letzten sexuellen Ergüsse und noch viele weitaus delikatere Details unterhalb der Gürtellinie auszutauschen. Dabei ist die Bude gerappelt voll, was die Skinheads wie auch andere Gäste nicht im mindesten geniert. Viel mehr steht die sprichwörtliche Geselligkeit und einmal mehr die besondere Begabung für Kommunikation im Raum.

Draußen erheben sich derweil in der Abenddämmerung dröhnend die Jets vom nahen Flughafen Heathrow. Ein unübersichtlicher Irrgarten aus Beton und Stahl, knapp 1.300 Hektar groß, in dem sich spielend mehrere Stunden verplempern lassen. Doch kaum biegt man irgendwo rund um dieses Hochsicherheitsgebiet in eine der Seitenstraße ab – wie etwa nach Norden auf die Sipson Road –, tauchen die für die britischen Inseln typischen Reihenhaussiedlungen auf. Die immer selben Einfamilien-häuser aus Waschbeton, aus deren Fenstern häufig indischer Curry- oder englisch anmutender „Fish&Chips"-Geruch nach draußen quillt. Eines verbindet auf verblüffende Weise die Nachbarschaft: Um das Äußere der eigenen Bleibe wird wenig Aufhebens gemacht. Verwilderte Gärten und Mülltüten vor abgeblätterten Fassaden.

Der schäbige Eindruck, der sich bei einer Wanderung durch Sipson, West Dayton und Harmondsworth aufdrängt, hat vielleicht auch etwas zu tun mit den Plänen für eine dritte Start- und Landebahn. Diese soll genau auf jenes letzte freie Ackerstück gebaut werden, das sich zwischen den drei Ortschaften sowie dem Harmondsworth Moor erstreckt. Schon lange reichen die Kapazitäten der beiden bestehenden Pisten Heathrows kaum mehr aus, um dem Ansturm der Flieger gerecht zu werden. Während dies manchen Einwohner dazu bewegt, sein ohnehin vom Abriss bedrohtes Heim sich selbst zu überlassen, würde die Ruhe auch auf Schloss Windsor mit einer dritten Landebahn in Heathrow endgültig vorbei sein.

Street-Art in Bloomsbury, *London*

The Queen of Everything
London, England, 2019

Heute gibt sich London ein wenig schüchtern. Die große Kapitale, die sich bei gutem Wetter im Landeanflug auf ihren internationalen Flughafen Heathrow minutenlang wie ein wundersamer gigantischer Flickenteppich präsentiert. Sehr viel Stein und Beton, Stahl, Glas und Asphalt. Verschwindend klein dagegen die mäandernde Rinne der Themse und die vielen Parkanlagen. Das alles scheint sich jetzt vor den Blicken der Weltöffentlichkeit, die in Hunderten Jets im Anflug auf die Hauptstadt unterwegs ist, zu genieren. Erst im letzten Moment stößt das Flugzeug durch eine Wolkenwand, Werkshallen tauchen auf, wie mit dem Maßband aufgereihte Siedlungen, die allesamt von markanten Schornsteinen getoppt sind, Autobahnausfahrten, Autovermietungen ... sanft setzt der Jet auf. Im Namen der Fluggesellschaft verabschieden sich Kapitän Sterndale und die Besatzung am Zielort, der Heimat jener großen britischen Fluggesellschaft. Die Frage ist, wie lange sie es wohl auch in Zukunft noch sein wird.

Man hatte sich in Westminster im Sommer 2016 und gestützt durch eine umstrittene Volksbefragung für einen Austritt aus der Europäischen Union entschieden. Und das konnte neben einer Reihe unbequemer finanzieller Folgen auch tragische für die zivile Luftfahrt haben. Reisende sind bereits gewarnt worden, dass Flüge zwischen „dem Kontinent" – die hiesige Umschreibung für das westliche Festland Europas – und Großbritannien bald schon infrage stehen könnten. Bei einem Austritt UKs ohne ein Rahmenabkommen mit der EU würden gar sämtliche Luftverkehrsabkommen ungültig. Noch ist es nicht soweit, noch verkehren all die Flieger; jetzt ungewöhnlich billig. Fast so, als wolle sich BA mit abenteuerlich günstigen Preisen noch einmal bei allen Passagieren schwungvoll in Erinnerung rufen: bucht uns! Weder die dunkelblau uniformierte Crew, noch die dunkelblau uniformierten Grenzbeamten bei der Einreise in LHR lassen sich irgendetwas anmerken. Es herrscht „business as usual", routinierte Geschäftigkeit. Ganz so, als stünde nicht ein bedeutungsschwerer Austritt aus der Union europäischer Länder bevor.

Gelassen scheinbar auch die bunte Menge der morgendlichen Hauptstadtpendler. Die in die Jahre gekommenen Metrozüge der „London Tube", der weiß-blau-rot lackierten Untergrundbahn, rumpeln auf stark sanierungsbedürftigen Gleisen dem Zentrum entgegen. Schlingernd und krachend ächzen etwa die Züge der „Piccadilly Line" anno 1973 langsam durch die Vororte wie Chiswick oder Hammersmith, jeweils Teile des gigantischen steinernen Flickenteppichs, den diese Stadt bei Landungen in gutem Wetter von sich preisgibt. Der Andrang auf den Bahnsteigen ist hier in der Rushhour erdrückend. Oft stoppen die Züge auf halber Strecke, weil sich erst Stationen leeren müssen, ehe eine weitere U-Bahn einfahren kann. In den Waggons trampeln sich die Passagiere gegenseitig auf die Füße, bekommen abwechselnd Aktentaschen, Rucksäcke oder beim Aufschlagen von Zeitungsseiten Ellenbogen in die Rippen gestoßen. Nach rund einer Stunde ist so einer der bekanntesten Plätze im Zentrum der Metropole erreicht: der Piccadilly Circus. Von einem Monument, das von einem bronzenen Hermes gekrönt wird, der auf den Flügeln der Liebe schwebt, zweigen hier sternförmig lauter prominente Hauptverkehrsstraßen ab. Zum aschfahlen Himmel passen die Fassaden der großspurigen Geschäftsstraßen ringsum: Aus grauem Sandstein, fast schon wie aus Beton gegossen, wirken die majestätischen Büro- und Kaufhauszeilen entlang der Regent Street. Imposant inszeniert, imperial. Sie addieren sich zu einem baulichen Konstrukt, das an die Victorianische Zeit anknüpft. Die ein wenig zu selbstverliebte und an diesem Ort baulich zu sehr auf globalen Machtanspruch pochende Metropole London, das große London, das an diesem Morgen – nur eine Woche vor dem offiziell proklamierten Ende einer EU-Mitgliedschaft – noch müde und ungewaschen wirkt.

Die meisten Geschäfte öffnen erst um 10:00 Uhr. Jetzt ist es grade mal 8:45 Uhr, Zeit für einen Kaffee und Gelegenheit, der Bevölkerung bei ihrem Broterwerb sowie diesbezüglicher Betriebsamkeit zuzuschauen. Noch bevor der große Run auf die Boutiquen und Kanzleien, die Shoppingmalls und Büros in der City richtig losgehen kann, ist die Stunde der Dienstboten gekommen. Sie steuern Hunderte, ja Tausende kleiner Lieferwagen hinein in die Gassen und engen Einbahnstraßen der

Innenstadt. Vom Käsesandwich in Klarsichtfolie über Getränkedosen, geblümte Seidenkleider, kleinkarierte Sakkos, opulente Blumengestecke, kniehohe Stahlkappenstiefel, hippe Musik-CDs bis hin zu internationalen Tageszeitungen, Kosmetika oder frischem Gemüse für die allmählich startbereiten Märkte: Alles wird mit den sperrigen Kastenwagen in das Zentrum der Wirtschafts-, Finanz- und Handelsmetropole geschafft. Ganz so, als könne man nur hier, in Nachbarschaft von Ministerien und großen Universitäten, lohnend Einzelhandel betreiben. Man will im Schatten der berühmten Carnaby Street, in Soho und Covent Garden ausgerüstet und mit allen erdenklichen Artikeln bereit sein für einen neuen Tag – und steht sich dabei gegenseitig permanent selbst im Weg.

Die kleine Postfiliale an einer der abseitig gelegenen Straßen ist wie manch Zigaretten- und Glücksspielkiosk schon geöffnet. Freundlich weist die Dame hinter dem Schalter darauf hin, dass die Postkarten auf den Kontinent nur noch heute bis 00:00 Uhr zum alt bekannten Porto von UK£1.25 verschickt werden dürften. Ab morgen schon würde alles teurer werden. „Um wie viel?" – „Äh, das weiß ich nicht, ist ja auch egal", versetzt die Sachbearbeiterin der Royal Mail ihre Kundschaft in Staunen. Weit weniger aufreibend, weil sich nicht vor lauter Enge und rollender Lieferwagen permanent selbst bremsend, der Osten Londons. Rund um die Tube-Station Aldgate wird es vielmehr bemerkenswert schäbig, obschon die schillernden Glaspaläste des Bankenviertels entlang der Cannon Street herübergrüßen. Pettycoat-Lane-Market nennt sich hier eine Einkaufsstraße, die eine wechselvolle Geschichte hinter sich hat. Mit dem Beat der Beatles in den 1960er-Jahren kamen erst eine Art Mod-Mode zum Zuge und mit ihr Ruhm und Glanz. Davon zehrt die Gegend, von der behauptet wird, die vier Musiker aus Liverpool hätten sich hier ihre schnittigen Anzüge besorgt. Bis das Viertel in den 1970er-Jahren erst vom schrillen Punk und wenig später vom Auftritt martialisch uniformierter Skinheads geentert wurde. Diese jungen Leute haben ihre eigene Wertskala und was eine Mehrheit der Bevölkerung entsetzlich findet, bedeutet ihnen gar nichts. Und so saßen noch bis Ende der 1980er-Jahre täglich Burschen aus diesem Umfeld mit in die Wangen tätowierten Hakenkreuzen nachmittäglich am Piccadilly Circus, unter dem Monument des bronzenen Hermes. East-London kam derweil herunter, wurde unsicher und präsentiert sich heute – unbeeindruckt von einer nationalistisch orientierten Jugendszene – überwiegend mit einer von Migrierten geprägten Nachbarschaft. Angenehm leichtfüßig, aber eben in einem bemitleidenswert schäbigen Gewand. Schmuddelige Fassaden mit abgeplatzter Farbe, heruntergekommene Bauten von maximal drei Etagen, die bald wohl schon in ihrer ursprünglichen Form nicht mehr zu retten sein werden. Solange sich das Bankenviertel nebenan noch geduldet bis die besten Grundstücke frei werden, weil Häuser praktisch von selbst verfallen, haben findige lokale Innovative die Gassen bevölkert. Täglich packen Händler aus Marokko, Eritrea, Vietnam oder Pakistan improvisierte Kochgelegenheiten aus, spannen Zelte und breiten auf Klapptischen kulinarische Köstlichkeiten aus. Für wenige Pfund gibt es einen schmackhaften Imbiss auf Papptellern, eine appetitliche Weltreise auf Pritschen sitzend in zugiger Luft.

Bank, bankman, embankment, bankruptcy – aber soweit ist das schillernde London drei, vier Straßenecken weiter noch lange nicht. Auch nicht nach dem polternd angekündigten Austritt aus der Europäischen Union mit unabsehbaren Folgen für die heimische Ökonomie. Die Hauptstadt des Vereinigten Königreichs gibt sich im Zentrum der Finanzwirtschaft betont mondän und strotzend vor kosmopolitischer Strahlkraft. Und in die letzte Kategorie fallen einmal mehr die Schaltzentralen der internationalen Finanzwelt, die immer absonderlicher aussehen und auch East-London überschatten. Viel Glas und Stahl – das gehört weltweit zum Standard preisgekrönter Architekturwettbewerbe. Und zum guten Ton, wenn Pfund, Dollar und Euro rollen. Einige dieser modernen Londoner Gebäude wirken von fern wie gläserne Harfen, andere sehen wie zum Himmel gereckte Trompeten aus und setzen Fragezeichen in eine sich rasch wandelnde Skyline. Als so abenteuerlich wie die Entwürfe selbst erweisen sich auch die Aussichten, bei dieser Gelegenheit das prestigeträchtige Prädikat „UNESCO-Weltkulturerbe" aberkannt zu bekommen. Diese Kapitale riskiert viel – im Tausch für allerlei bauliche

Neuerungen in direkter Nachbarschaft zu den schönsten Postkarten-motiven; just einen Steinwurf nur entfernt vom mittelalterlichen Tower und der Wiege der City of London. Das weltbekannte Ensemble aus Festung, St.-Paul's-Kathedrale und Tower Bridge hat durch den uner-sättlich Bauboom der letzten Jahre bereits an Glanz eingebüßt. Den historischen Stadtkern überragen Geschäftszentralen, in denen Banker zeitgleich Aktienkurse verfolgen und Investmentfonds durchrechnen. Davor die bedächtige Strömung der Themse, nimmer müde, gen Osten drängend. Londons Hausgewässer hebt und senkt sich mit den Gezeiten der nahen Nordsee. Entsprechend wandelbar erscheinen seine Ufer – die „embankments". Sie liegen mal sandig morastig tief unter den bunt lackierten Bögen der Eisenbrücken aus der Epoche industrieller Revolu-tion, mal umspülen sie die auflaufenden Fluten. Zwischen bemoosten Ziegelsteinmauern und vom Zahn der Zeit mitgenommenen Anlege-stellen hatte „Scotland Yard" gründlich aufgeräumt. Alkoholpantscher, Mörder, Kinderschänder, Hehler, Räuber – all die düsteren Gestalten aus der oft beschriebenen Londoner Unterwelt, die so manch packenden Krimi füllen, waren hier von der Polizeibehörde geschnappt worden. Die Welt jener Romangestalten taucht noch einmal in der zum Leben er-weckten Welt eines Sherlock Holmes auf: An der legendären Adresse Baker Street 221b, vis-à-vis des weitläufigen Regent's Park. Hier ist der Trubel immens. Einen halben Block weit stehen sich die Leute die Beine in den Bauch, um einen Blick in die nachempfundenen Räume der fikti-ven Bleibe und damit in die millionenfach aufgelegten Detektivge-schichten zu werfen. Einige haben sich sogar als Holmes mit kariertem Gehrock und gebogener Pfeife kostümiert.

Echte Verbrecher haben es heute in dieser Stadt schwer, seit noch jeder Hinterhof mit Videokameras überwacht wird. Geheimdienst und Polizei scheinen hier ununterbrochen auf der Hut zu sein. Sie sind seit den 1970er-Jahren und den Tagen der Irisch-Republikanischen Armee IRA gegen potenzielle Attentate gewappnet. Und auch privat angeheuerte Security-Teams halten scharf Wache. Schon ein paar scheinbar harm-lose Fotos einer Szene vor einem der schillernden Bürotürme der Bankenwelt geben Anlass für eine Befragung: „Wer sind Sie und was soll die Knipserei?!" Trotz solcher Irritationen bleibt London natürlich eine kosmopolitische Metropole, in der sich der Rhythmus höchstens an Sonn- und Feiertagen verlangsamt. Ansonsten schieben sich ununterbrochen die dunkel lackierten Taxis und feuerroten Doppelstockbusse Stoßstange an Stoßstange über volle Straßen, stehen die Leute schon werktags nach freien Sitzplätzen in den Pubs sowie für einen Teller „lovely Fish&Chips" an, und nirgendwo ist im Zentrum auch nur eine Räumlichkeit von der Größe einer besseren Abstellkammer unter 600 Euro Wochenmiete zu bekommen.

Das Preisniveau bestimmte lange die selbst ernannte Creme der Gesellschaft, die Adligen, die Kohlebarone, die Industriellen. Sie hatten vom Aufstieg des Britischen Empires profitiert und prachtvolle Villen und Palais gebaut, in denen heute mitunter beachtliche Kunstsammlungen kostenlos zu bestaunen sind. Geradezu tantenhaft kommen im Gegensatz dazu die ausgedehnten Häuserzeilen daher, die etwa den Bahnhof Victoria Station flankieren. Die von wulstigen Säulen bewehrten Eingänge, die angetäuschten Miniatur-Balkone, auf denen in Wahrheit niemals jemand jemals hatte sitzen können, die betont hoch aufragenden Schiebefenster – dies alles soll zusammen mit einem cremefarbigen Anstrich den Eindruck einer privaten, einer kleinen Luxuswelt suggerieren. Auf den ersten Blick allesamt kleine Schmuckkästchen, die das Zentrum der Macht – eine Meile weit entfernt vom Buckingham Palace – bereichern. Hinter pompös aufgemachtem Stuck ducken sich aber überraschend schmale Wohneinheiten. Drinnen kann man sich tatsächlich in der Enge von handtuchschmalen, steil aufragenden Stufen leicht die Hachsen brechen. Die Jahrzehnte alte Erfindung der senkrecht aufzusperrenden, winddurchlässigen Schiebefenster sorgt für Zugluft auch im mollig überheizten Interieur. Zu diesem gehören auch die Waschbecken mit zwei komplementär eingebauten Wasserhähnen – aus einer Ecke sprudelt kochend heißes, aus der anderen eiskaltes Wasser ins Becken, dem ein Stöpsel fehlt. Aber genau das sind die liebenswerten Seiten dieser skurrilen, dieser gegensätzlichen Welt. Man grenzt sich ab vom Kontinent – baulich wie kulinarisch. Den Alltag füllen neben „Fish&Chips" alle möglichen Aufläufe wie „Shephard's Pie" oder „Cornish Pastry".

Neben den grauen Fassaden des riesigen Buckingham Palace probt derweil ein Wachregiment unter freiem Himmel einen ganz bestimmten Ritus, treten in archaisch anmutender Schrittfolge Bataillone laut mit ihren genagelten Stiefeln auf. Die Männer zeigen keine Gemütsregung unter ihren ausladenden Fellmützen. Mit all diesen Bräuchen und Abzeichen hatte manch ein Brite zeitlebens nichts anfangen können. Als gänzlich unkonventionelle Gegenreaktion brach sich da der Punk wenige Gehminuten vom Schauplatz des zeremoniellen Pomps seine Bahnen. In den engen Ladenzeilen von Soho ist beispielsweise vom Prêt-à-porte keine Spur und die schrillsten Unikate gehen hier seit den 1970er-Jahren über die Theken. Der Underground walzt hier stampfend – mit limitierten Schallplattensets, schillernden Accessoires, garstiger Schuh- und greller Bekleidungsmode – stilecht über den konservativen britischen Lebensentwurf aus der Nachbarschaft hinweg. Passend dazu grüßt wild plakatierte Street-Art: In einer fotokopierten Montage geht etwa ein orange gefärbter Konfettiregen über dem Antlitz Ihrer Majestät nieder: „I'm the Queen of Fucking Everything" – „Ich bin die Königen von jedem Scheißdreck" steht über dem Punk-Pop-Art-Bildnis Elisabeth II. zu lesen, Monarchin und Oberhaupt des globalen Commonwealth.

Dieses reiche, verschrobene, grelle London – es tritt andauernd selbst als Königin auf. Und dass es dieser Stadt weder an Kunst, noch an kulturellen Angeboten mangelt, beweisen spätestens ihre Opernhäuser, Theater, Showbühnen und Varietés oder opulente Ausstellungsprojekte, wie jenes der gigantischen Tate-Modern-Galerie. Sie ist in den Turbinenhallen eines früheren Stromkraftwerks untergebracht. Auf der Südseite der Themse, auf Sichtweite jener Glas- und Stahlbauten des Bankenviertels, inszeniert sich der globale Kunstbetrieb auf fünf Etagen in spektakulären Shows. Spektakuläre Musiksets zerreißen derweil die Nacht einige Ecken hinter der Tate Modern, unter anderem im legendären House-, Elektro- und Technoclub „Ministry of Sound".

Das Wunder London als Gesamtkunstwerk verflüchtigt sich lediglich bei Nebel ein wenig. Oder in der Dunkelheit verregneter Nächte, in denen die Luxusyachten russischer Oligarchen festlich beleuchtet an den Docklands erstrahlen.

Blick auf Bradford

Imperiale Ruinen
Bradford, Nord-England, 2015

Das Dunkelblau der Seide signalisiert diskret den Status, aber auch das Understatement seines Trägers, der knitterfreie Überwurf der Hosenbeine die Qualität des Stoffs. Aus einem mit goldenen Knöpfen beschlagenen Zweireiher – Herrenausstatter „Charles Tyrwhitt of Jermyn Street" in London – schaut etwas pikiert ein Gesicht hervor. Skeptisch mustern die Blicke des Geschäftsmanns den kargen Raum, in dem unter nackten Neonröhren nur ein einziges, kurzes Fließband ruckelnd rotiert, um das Gepäck der British Airways aus Heathrow auszuspucken. „You might think you are in Eastern Europe here" – „Man könnte meinen, dies sei Osteuropa", entfährt es dem stattlichen Anzugträger in bestem Oxford-Englisch, einen Hauch von Ironie im Unterton. Oder doch „British humor"? Mit vorzüglichem Service oder einem internationalen Luftfahrtflair hat all das tatsächlich wenig zu tun. Kein Schild verrät die Flugnummer der Maschine aus der Hauptstadt. Nirgendwo ein Hinweis auf die kreisenden Koffer aus der Weltmetropole. Im zugigen Ankunftsbereich von „Leeds/Bradford International Airport" findet sich zwischen grau gesprenkelten Wandpaneelen aus Kunststoff nichts Schmückendes, nicht einmal Werbung. Man wähnt sich tatsächlich bald in einem zugigen Wartesaal in einem früheren Ostblock-Staat. Und das wirft ein Schlaglicht auf die wenig etablierten, förderungswürdigen Verhältnisse hier oben im Norden Englands.

Der kleine Flughafen in West Yorkshire befindet sich auf einem Plateau zwischen den beiden strukturschwachen Städten Leeds im Osten und Bradford im Westen, inmitten lieblicher Hügelketten. Schon lange ist der einstigen Industrieregion die Puste ausgegangen, und zur maroden Infrastruktur gehören neben einer ramponierten Landepiste das hoffnungslos veraltete Flughafengebäude sowie auch die welligen Dorfstraßen nach dem eigentlichen Ziel.

Die Strecke Richtung Bradford windet sich entlang von Siedlungen, die aus scheinbar dem immer gleichen Gebäudetyp bestehen: eine Art Reihenhaus mit Kohleheizung, wie die vielen Schornsteine auf den

Dächern verraten, und einfach verglasten Schiebefenstern zwischen grauen Waschbetonfassaden. Früher war in diesem Teil des Landes der Kohlebergbau das große Geschäft. Mit der Erfindung der Dampfmaschine war der Bedarf an Heizmaterial immens gestiegen, die sich parallel beschleunigende Industrialisierung bescherte der ganzen Gegend hier im pittoresken Yorkshire Arbeitsplätze. Mit der flächendeckenden Einführung der Dampfmaschine rentierten sich erst die riesigen Webereien. Die hier produzierten Stoffe gingen nach Übersee beziehungsweise auf den Kontinent. Einige Jahrzehnte lang wurde von dieser Gegend aus gar der Weltmarkt bedient; das warf stattliche Gewinne ab. Von all den Firmen mit Weltrang ist heute nur noch eine Socken- und Strumpffabrik in der Region übriggeblieben.

Als im Dämmerlicht des Abends die Stadtgrenze von Bradford auftaucht, mutet eben diese Wiege der industriellen Revolution an wie ein Spuk. Riesige Fabrikgelände aus dunkel-gelbem Backstein sind zum Teil eingestürzt und mit Brettern verrammelt. Weithin sichtbar recken sich im Stadtbild längst erkaltete Schornsteine in den Himmel. Zur Hochzeit des Fließbandbetriebs musste Bradford, malerisch von Hügeln umgeben, unter einer wahren Dunstglocke gelitten haben. Nun sind Rauch und Qualm aus seinem Tal verschwunden. Mit ihnen allerdings auch die meisten Arbeitsplätze.

Mitte der 1980er-Jahre hatte die konservative Regierung im fernen London reinen Tisch gemacht und heimischen Kohlegruben sowie indirekt großen Teilen inzwischen unrentabler Industriezweige den Garaus gemacht. Zu teuer und zu unwirtschaftlich, sagten die einen. Bradford und andere Nachbarstädte wehrten sich angesichts der drohenden sozialen Talfahrt mit erbitterten Protesten; Tränengas lag immer wieder über den Arbeitersiedlungen. Im Straßenkampf mit der berittenen Polizei erprobten die Kumpels und ihre Söhne unter Führung des früheren Grubenarbeiters und späteren Gewerkschaftsbosses Arthur Scargill die Grenzen ihrer Macht – vergebens. Das industrielle Erbe, eine der Säulen des Britischen Empires, war ebenso wenig zu retten, wie der damit einhergehende ungezügelte „Manchester Kapitalismus". Nichts außer den industriellen Kathedralen jener Zeit mahnen heute als leerstehende steinerne Zeugen. London hatte diesen Teil Englands abgekoppelt – und das sieht man ihm an.

Ist es alter oder neuer Frust, der allabendlich die Menschen dieser alten ehrwürdigen Stadt – ihre Ursprünge reichen auf das Jahr 1300 zurück – an die Theken treibt? Gegen 18:00 Uhr schließen in Bradford jedenfalls die wenigen noch funktionierenden Geschäfte. Rund um die ehedem prosperierende Wollbörse müssen die Auslagen in einst etablierten Warenhäusern einmal opulent gewesen sein. Die leeren Geschäfte sind jetzt eher Ausdruck eines längst verlorenen Wohlstands, der noch im Glockenspiel des historischen Handelskontors nachhallt. Ein Uhrwerk schlägt den Stand der Stunden wie vor hundert Jahren hinter einem goldenen Zifferblatt, da sind die Gassen zu seinen Füßen um 20:00 Uhr schon leer. Die Stunde der Kneipiers ist gekommen.

Landesweit verbindet der Besuch im Pub mit der Sehnsucht nach etwas Heimeligem. In einer Mischung aus Kitsch und kleinbürgerlicher Gemütlichkeit versammelt man sich hier zum geselligen Tratsch bei frisch gezapften Bieren und rotblonden Ales. Der Gersten-, Malz- und Hopfensaft ergießt sich überall in Großbritannien aus zig Tausenden Hähnen in die Pint-Gläser. Plüschsessel, Stehlampen, nachgemachte Persianerteppiche oder auf alt gemachte Fotografien von unbekannten Sportereignissen – all dies soll die persönliche Atmosphäre einer guten Stube spiegeln. Die meisten Lokale dieser Art bieten regelmäßig mit den sogenannten „All Time Favourites" rustikale Hausmannskost an: Darunter „Fish&Chips", Hamburger oder Haggis, eine Pastete aus Pansen. Doch im „City Vaults of Bradford" bleibt die Küche immer kalt, und kurz vor der Sperrstunde um 22:00 Uhr halten sich einige Kandidaten nur noch mit Mühe senkrecht. Im Schatten der langsam auf zehn wandernden Zeiger herrscht so etwas wie ein offener Ton. Da plaudern kahlgeschorene Hooligans mit nationalistisch anmutenden Tattoos auf den Unterarmen mit gebeugten Pensionären; ein Ehepaar mittleren Alters hat sich einen echten Whiskey gegönnt und klönt mit einem glasig dreinblickenden Burschen, der breitbeinig ein ganzes Sofa für sich alleine beschlagnahmt und rotgesichtig an einer Batterie von Biergläsern arbeitet. Die Tische kleben vom vielen übergelaufenen Gerstensaft und der Geruch von Alkohol liegt süßlich in der Luft. Kaum jemand nimmt Notiz von zwei gut gelaunten pubertierenden Mädchen, die wiehernd – einen wilden Ritt imitierend – durch die Schankstube traben. „Schluss!" – brüllt der Wirt hinter dem Tresen. Die Zeiger der Wanduhr haben die magische Zehn überschritten, und draußen läutet das Glockenspiel. Augenblicklich wird ein graues Tuch über die glänzenden Zapfhähne gestülpt. Es bleiben die Erinnerungen an bessere Zeiten und die Gewissheit, dass der Rauswurf aus der Kneipe erst mit dem Leeren des letzten Glases kommt.

Der Uhrturm, Wahrzeichen von Bradford

Geh'n sie weg!
Bradford, Nord-England, 2015

„Why don't you just move away?" fragt sich so manch ein Bewohner Bradfords. Oder aber einen seiner Freunde, Bekannten und Nachbarn, angesichts eines allgemein greifbaren Verfalls. Da sitzt nun einer so angesprochenen Bewohner hinter einer sauberen Theke im nagelneuen funktionalen „Coffee Point", gleich gegenüber dem Universitätsgelände. Der junge Mann kratzt sich nachdenklich am Kopf und wundert sich. Wunderte sich, dass überhaupt ein Ausländer „freiwillig hierher nach Bradford" gekommen ist; das grenzt für den Briten mit indischen Wurzeln an ein Wunder. Denn wer fuhr schon gerne irgendwohin, wo alle weg wollten? Seine Freunde hatten ihn gefragt: „Warum gehst Du nicht einfach weg?" – „Why don't you just move away?" Doch er blieb. Steckte Arbeit und Ideen in seinen kleinen Kaffeeladen, der nun – an die florierenden Parlours weltumspannender Marken erinnernd – im kleinen Bradford in Nordengland gestartet ist. „Alles selbst gezimmert und selbst gebaut", sagt sein Besitzer stolz. „Ich serviere nur den besten italienischen Kaffee und die Muffins: home made!" Sie sind wirklich ganz ausgezeichnet, die kleinen hausgemachten Sandkuchentörtchen. Und der gedoppelte Kaffee verhilft einem müden Geist im Grau eines englischen Sommertags auf die Sprünge. Während der Kleinunternehmer weiter über seine erstklassigen Bohnen und das Geschäft in der Nähe der örtlichen Universität plaudert, drängen sich gedanklich die Liedzeilen der britischen Indie-Popper „Franz Ferdinand" auf:
„Why don't you walk away?
    No buildings will fall down
Why don't you walk away?
    No quake will split the ground
Why don't you walk away?
    And the world comes tumbling down."

Die Welt macht ringsum tatsächlich ein wenig den Eindruck, als käme sie zu Fall, eben „tumbling". Bei so vielen sozialen Brüchen drängte sich tatsächlich die Frage nach dem „Weg hier" auf. Aber da ist auch die Bolling Hall, ein historisches Mannor House, das herrlich oberhalb Bradfords gelegen heute als Museum Einblicke in den Alltag und das Leben vor und während der industriellen Revolution liefert. Der festungsähnliche Landsitz eines damals steinreichen Kohlemagnaten ist heute von Reihenhäusern offenkundig einkommensschwacher Familien umgeben. Deren Bewohner pfeifen beim Abgang vom Museumsbau abfällig zwischen angeschlagenen Eckzähnen und blöken, hinter ihre Vorgartenhecken geduckt, irgendeinen Fluch. Den Leuten missfallen die Blicke Fremder – besonders durch die Linse einer Kamera. Ein Stück bergab sind jetzt die Wege um eine Anzahl markanter Plattenbauten zur Müllhalde verkommen. Mitten in der Stadt häufen sich ausrangierte Badezimmermöbel und Haushaltsabfälle. Das Restaurant nebenan steht leer. Ebenso die hübschen Kaufhäuser in elegantem Art Deco. „To let" – „Zu mieten" – steht gefühlt an einem Drittel aller Bauten. Die Schalterbeamtin der Post an der Sunbridge Road weiß kaum Rat: Wie hoch ist noch mal das Porto für eine Postkarte? – Die hat hier schon seit Jahren niemand mehr verschickt. Der Wachmann eines Parkhauses stürzt entsetzt dem fremden Gast auf das Obergeschoss hinterher, um zu sehen, wer da gekommen ist und vor allem warum. „Tut mir leid, aber ich habe hier schon zwei Selbstmorde erleben müssen", ruft er im Abgehen. „Fotografieren Sie ruhig weiter. Von hier oben ist die Aussicht ja wirklich wundervoll." Am Rande einer Ausfallstraße treffen sich Dealer ungeniert zu ihren konspirativen Absprachen. Ihr Chef fährt in der schwarzen S-Klasse vor, seine Pusher im japanischen Kleinwagen. Und dann die Glasscherben in den Bratkartoffeln des „Full English Breakfast" im einst honorigen „Great Victoria Hotel" gleich am Busbahnhof. Am scharfkantigen Abfall im Essen scheint sich niemanden zu stören, auch die Kellnerin nicht, die auf diesbezügliche Beschwerden mit einem Achselzucken reagiert und ungerührt die Rechnung über den Tisch schiebt: „Das macht 16 Pfund 80 pro Person."

Was hatte der britisch-indische Kaffeehausbesitzer noch gesagt? „Vor fünf Jahren war hier gar nichts, aber jetzt ist Bradford wieder auf dem Weg nach oben!" Die Bedeutung seiner Worte mag man sich nicht genauer ausmalen. Auch die Rückfrage, wie es denn vor fünf Jahren hier ausgesehen habe. Dennoch scheint etwas an seiner These zu stimmen. Da ist zum Beispiel die alte Seidenmanufaktur Lister Mills auf einer Anhöhe oberhalb der Stadt. Unter dem Label „Urban Splash" ist die gigantische Stoff- und Textilfabrik aus dem späten 19.-Jahrhundert zu einem hippen Hort aus lauter Luxuswohnungen umgebaut worden. In London, New York oder Sydney wäre der Run auf die komfortablen Eigenheime in geschichtsträchtigem Ambiente unermesslich gewesen, aber hier und unter dem Eindruck eines verpassten Strukturwandels ...? So beklemmend der Niedergang dieser altehrwürdigen Stadt auch zur Wirkung kommt, irgendwie liegt trotzdem die Ahnung in der Luft, dass die Talsohle durchschritten ist. Und dass nach jeder Krise auch wieder ein Aufschwung folgen muss – das wünscht man all den Menschen hier. Den Pakistani in wallenden Leinenkleidern, den Indern mit rotem Punkt auf der Stirn, den bestiefelten Skinheads, den tätowierten Arbeitslosen mit der morgendlichen Bierdose in der Hand. Aber noch ist es nicht soweit und wer beruflich etwas zu bieten hat, verabschiedet sich, geht wo immer möglich nach London oder anderswo hin, nur weg hier. London, das wirtschaftspolitische Herz der Nation, das alle Ressourcen und alle Privilegien abschöpft. Der Provinz bleiben damals wie heute kaum Krümel übrig. „Erstklassige Stadt in zweitklassigem Land", hatte eine große Schweizer Tageszeitung über London und die ungleichen Verhältnisse im Vereinigten Königreich unlängst getitelt.

Mit den Gedanken daran geht es nun wirklich fort von den mitunter deprimierenden Realitäten Yorkshires. Wenige Meilen braucht es dazu nur: Eine der Anhöhen Bradfords in südlicher Richtung hinauf, dem Motorway M62 folgend – schon sind sanft geschwungene Hügel und üppig grüne Weiden gegen die Kulisse der Trostlosigkeit getauscht. Der Himmel ist weit und sein sommerliches Blau nur durch einige Wolkenbänder verhangen.

Flussbrücken über den Tyne

Neue und alte Gräben
Newcastle-upon-Tyne, Nordost-England, 2015

Das schlechte Wetter wirkt wie die Rückkehr eines alten Bekannten. Minute um Minute zieht sich der Himmel weiter zu, bis bei der Ankunft in Newcastle der Regen in dichten Schlieren über die Scheiben rinnt und die Straßen von all dem Wasser glänzen. Das Nass inszeniert die Kleinstadt nur wenige Meilen entfernt von der schottischen Grenze in einem markanten Zwielicht. Aus dem Norden – von Seiten der Schotten – gab es immer wieder Angriffe auf die Gegend um den schiffbaren Fluss Tyne. Aber auch Römer, Angelsachsen und Normannen hatten es auf Northumberland abgesehen, weswegen die Einwohner dieser regenreichen Region entlang der Nordseeküste im 11.-Jahrhundert eine „neue Burg" oberhalb des Flusses errichteten und auf diese Weise lange ihre Eigenständigkeit verteidigten: Newcastle-upon-Tyne eben. Mit ihrem Nordsee-Hafen waren die Stadt und ihre Bevölkerung zu beträchtlichem Wohlstand gekommen. Von hier aus stachen mächtige Schiffe in See und brachten all die Güter aus den Produktionsstätten der East-Midlands auf den Weltmarkt. Darunter auch die Stoffe aus den Webereien von Leeds und Bradford. Die gingen nach Übersee, wie auch Dampfmaschinen, Ausrüstungen, Haushaltsartikel. Waren aller Art, die damals im Rahmen der voranschreitenden Industrialisierung en masse und im Akkord preiswert produziert werden konnten. See- und Binnenschiffhafen trieben reichlich Steuern ein. Und so war es Newcastle, das sich als erste Stadt der Welt eine elektrische Straßenbeleuchtung leisten, als erste Stadt der Welt elektrische Straßenbahnzüge verkehren und die Gleise seines gewaltigen Hauptbahnhofs überdachen lassen konnte. Ein halbes Dutzend Brücken überspannt bis heute allein im Zentrum den Tyne, bauliche Hinterlassenschaften aus jener „großen" Zeit. Die stählernen Keile verbinden seit der Epoche der Mechanisierung Ober- und Unterstadt in waghalsigen Konstruktionen. Teilweise sind die Brücken schwenk- und klappbar, sodass bei Bedarf bis heute selbst hoch aufragende Dampfer den Fluss weit stromaufwärts befahren können. Auf anderen Querungen rollt der Verkehr gleich doppelstöckig: oben die

Züge, unten die Autos. Wahrlich eine Metropole, die Trends und Maßstäbe setzte, die nun im bläulichen Licht des fortschreitenden Abends allmählich zur Ruhe kommt.

Beim dritten Ale in einem Pub direkt unter einem der viaduktartigen Brücken wimmert ein junger Informatiker an der Bar, dass man sie nicht möge. Mit „sie" sind die Engländer aus dem Norden, aus den Regionen um die früheren Bergarbeitersiedlungen und die Midlands gemeint. Mit „man" die Landsleute im Süden Englands, im geografischen und finanziellen Speckgürtel des Königreichs, der sich auf einer Achse in Höhe der Hauptstadt London von Ost nach West auszudehnen scheint und in dem „sie" kaum eine Chance hätten, kaum einen Fuß in die Tür von interessanten Arbeitgebern bekämen. Nur drei Sätze bei irgendeinem Vorstellungsgespräch reichten aus – schon ende die Bewerbung um einen attraktiven Arbeitsplatz. Angeblich genüge allein der sprachliche Akzent aus dem Norden, um berufliche Karrieren enden zu lassen, noch ehe sie begonnen haben. Draußen fließt der Tyne unter den Brückenbögen, die sich wie in der Spiegelung zu doppeln scheinen.

Landgasthaus auf der Insel Man

Das grüne Kronjuwel
Castletown, Man, Insel in Kronbesitz, 2015

War es nun das gehaltvolle Mordue Ale vom Vorabend oder doch die schiere Katerstimmung, ähnlich dem bleiern lastenden Regentief über Northumberland, die wie so oft in Großbritannien auf eine glanzvolle Epoche gefolgt war. Jedenfalls geht es mit leichten Kopfschmerzen durch die imponierenden Straßen Newcastles. Sie haben zweifellos ihren imperialen Charakter bis heute bewahrt. Immerhin galt die Metropole landesweit als Musterbeispiel Victorianischer Stadtplanung und Architektur. Doch so sehr auch die palastartigen Mauern aus gelblichem Sandstein beeindrucken, so sehr die vielen Kuppeln, Türme und pompösen Gesellschaftsbauten wie das Royal Theater den Glanz einer verflossenen Zeit repräsentieren – vieles steht auch hier einfach leer. Die breite Grey Street, der Haymarket, die zentralen Markthallen Grainger und die Gassen nördlich des ebenfalls aus besseren Tagen stammenden Hauptbahnhofs – sie alle sind bauliche Beispiele für den Erfolg, den dieses System einmal hervorgebracht hat. Das beweisen auch die vielseitigen Intarsien, aus kostbarem Gestein draußen an vielen Fassaden, aus edlen Hölzern drinnen in Arkaden und Passagen an-gebracht. Materialien, die oft aus den fernen Kolonien herangeschafft worden sind. Geld spielte in den besten Tagen Newcastles kaum eine Rolle; der Prunk entstand schließlich auf Kosten anderer.
Der Begriff „Kolonie" beschwört heute Bilder von ausbeuterischen Herrschaftssystemen, imperialem Gebaren und der Zerstörung einzig-artiger Kulturen herauf. Aber zur Realität gehört auch, dass das Britische Empire auf dem Höhepunkt seiner Macht unter Queen Victoria um 1890 alle Hände damit zu tun hatte, den Status Quo auf den Plantagen und in den Bergwerken überall auf der Welt zu bewahren. Den Abtransport wertvoller Rohstoffe und Güter zu organisieren sowie die Kriegskasse zu füllen – angetrieben von dem Willen, das Weltreich zu verteidigen. Das alles ist Vergangenheit und trotzdem noch heute lebendig. Unter dem regengrauen Himmel wirkt diese kapitale Hinterlassenschaft einerseits verschwenderisch und andererseits verloren. Nur die Möwen scheinen

zufrieden: Zu Tausenden haben sie auf den ausladenden Simsen und Giebeln, zwischen den zahlreichen Brückenbögen und Pfeilern wahre Kolonien gegründet und kacken die ganze Victorianische Pracht aus luftiger Höhe nach Herzenslust voll.

Einer flatternden Möwe gleich wirkt das Firmenlogo der Fluggesellschaft CityWing, die Newcastle mit der Isle of Man inmitten der Irischen See verbindet. Ihr kleines Flugzeug steigt am Nachmittag auf – die Gedanken eilen voraus.

Der selbstverwaltete Kronbesitz hat eine Regierung, die sich von der Hauptstadt Douglas aus auch um das kulturelle Erbe des kleinen Inselstaats kümmert. Die mystisch wirkenden Sagen um den keltischen Seegott Manannon, Namensvetter des Inselreichs, dem an Kultstätten zu besonderen Anlässen gehuldigt wird. Dieser Götze und die an das Gälische angelehnte Mundart Mans bilden das identitätsstiftende Element für die etwa 85.000 Einwohner. Die Außenpolitik wird freilich in London bestimmt. Aber das Finanzwesen mit einer eigenen, 1:1 an das britische Pfund angelehnten „Isle of Man"-Banknote, liegt wiederum bei den Politikern des Eilands. Seine Bevölkerung verfügt über britische Pässe, ist aber nicht Teil der Europäischen Union. Manianer genießen die volle Reisefreiheit, aber nirgendwo in der EU Arbeits- oder dauerhaftes Aufenthaltsrecht. Großbritannien war und ist das leitende Vorbild östlich der Irischen See, trotzdem hat Man eigene Briefmarken aufgelegt. Erst seit den 1990er-Jahren verzichtete Douglas darauf, bei der Einreise die Pässe abzustempeln. Diese Eigenbrötlerei passt zu der Diversifizierung des Vereinigten Königreichs, und wie schon Besuche in Wales oder auf den Kanalinseln gezeigt hatten, sollte der Nationalstolz noch so kleiner Ländereien nicht unterschätzt werden. Die bizarre wirtschaftspolitische Konstellation erlaubt es Man, als Steuerparadies in der Mitte Europas zu fungieren. Isle of Man profitiert von vielen Vorteilen, die die europäische Einheit gebracht hat, beruft sich aber gleichzeitig auf seine staatliche Unabhängigkeit – und verzichtet großzügig auf Gewerbe- und Umsatzsteuern. Hunderte Firmen und

Scheinfirmen haben ihre Repräsentanzen hierher verlegt; die Haupteinnahmequelle der Regierung sind zahlreiche Banken.

Doch als diese Insel der Besonderheiten erreicht ist, als sie nach kurzem Flug wie ein grüner Edelstein hinter den vielen Regenwolken in der Irischen See auftaucht, da ist von der erwartbaren mondänen Eleganz wenig zu sehen: Die Hauptstadt Douglas wirkt grau und verbaut. Am fast drei Kilometer langen Küstenabschnitt entlang einer weiten Bucht, die den natürlichen Hafen vor der überschaubaren Kapitale bildet, prägen zwei- und dreigeschossige Villen das Bild. Sie drücken dem Ort mit ihren Säulen und hohe Fensterfluchten zwar einen unverkennbar Victorianischen Stempel auf, doch gänzlich ohne Blumen und Bäume, ohne schmückenden Rasen oder Parks gibt diese Hauptstadt an prominentester Stelle ein farbloses Bild ab. Überschattet von einem endlosen Band – einer Art grauem Riegel aus Steinen und Beton – erscheint die malerische Bucht wie eine abweisende Trutzburg. Ähnliche Steuerparadiese wie Man charakterisieren auch die Staatsformen der Inseln Jersey und Guernsey im Ärmelkanal. Während sich dort die teuersten Autos Stoßstange an Stoßstange durch enge Straßen quälen, vorbei an noblen Bankfilialen und eleganten Firmenquartieren, wirkt Man eher wie das „Schmuddelkind“ unter den Steueroasen. Das Geld sitzt hinter den auffällig unauffälligen Fassaden und wird zum Beispiel auch in Online-Spielcasinos umgesetzt, die reihenweise auf Man ihre Server aufgestellt haben.

Die Möglichkeit der Steuerersparnis nutzt auch die lokale Fluglinie CityWing. Ihre kleine Flotte von vier Maschinen betreibt ein tschechischer Anbieter aus Ostrava. Die schneeweiße Let410 mit der osteuropäischen, einer EU-Crew folgte im strahlenden Nachmittagslicht der Ostküste Mans, vorbei an Douglas mit seiner riegelartig verbauten Küstenstraße, und setzte zur Landung auf dem kleinen Flughafen von Ronaldsway an. „Failt erriu gys Mannin“ – „Willkommen auf der Insel Man“, lautet die gälische Grußbotschaft über dem Eingang des zum Teil noch im Art-Deco-Stil erhaltenen Terminals. Nur wenige Schritte nach draußen, schon ist bei fast hochsommerlicher Wärme die Airport-

Auffahrt erreicht. Dort wartet die redselige Dot, liebenswerte und herzliche Pensionsbesitzerin mit gemütlicher Figur und ergrautem Haar. Sie hat einen ihrer insgesamt fünf Landcruiser aus ihrer privaten Fahrzeugsammlung gestartet und es sich nicht nehmen lassen, den neuen Hausgast persönlich abzuholen: „You know, it is a bit of a distance" – „Wissen Sie, es ist schon eine gewisse Entfernung."

Tatsächlich ist das traute Heim, in dem gleichzeitig Gäste für die Ferienzeit höchst willkommen sind, alles andere als einen Steinwurf vom Flughafen entfernt. Da kommt die Tour im Geländewagen gerade recht. Sie führt durch hügeliges Terrain, durch Dörfer und über kleine Straßen, bis zur gemütlichen Unterkunft ist es wirklich eine ordentliche Distanz.

An einer schmalen Landstraße, gesäumt von Ginsterbüschen, ist vor einer Mehrfamilienvilla aus den 1970er-Jahren die Fahrt zu Ende. Zur einen Seite erstrecken sich endlos erscheinende saftig grüne Wiesen, auf denen Schafe grasen. Ein kleiner Bach ergießt sich vom mächtig aufstrebenden South Barrule – eine der höchsten Erhebungen der Insel. Zur anderen Seite geht der Blick auf das im Sonnenlicht funkelnde Meer. Die Brandung rauscht hinter einer Felskante und entlang der zerklüfteten Küste ragen hier und da die Dächer schmucker Eigenheime auf. Es ist wie im Traum: Tiefblaue See, tiefblauer Himmel, klare Luft und nur das Rauschen des Meeres, das Kreischen der Möwen und Zwitschern von Vögeln. Das Paradies scheint perfekt: Isle of Man wirkt wie ein Smaragd, ein begehbarer grüner Edelstein. Und es sind nur Dots Worte, die den Gast wieder zurück auf den Boden der Tatsachen bringen: „Es gibt gute Gründe, warum die Insel so hübsch grün ist – und das ist all der viele Regen, den wir hier abbekommen."

Turm der Zuflucht *am Hafen von Douglas, Insel* Man

Island Life
Castletown, Man, Insel in Kronbesitz, 2015

In der Nacht schlug das Wetter tatsächlich die angekündigten Kapriolen. In der Dunkelheit trafen ergiebige Niederschläge auf die raue Küste. Das Wasser stand draußen noch in den Pfützen, als die Sonne zum Frühstück wieder durch die Gardinen und in das urige Speisezimmer scheint. Dot und ihr Mann Steward haben bereits alles vorbereitet und liebevoll für ihre Gäste gedeckt. Zwischen Chippendale-Möbeln – mahagonifunierte Anrichte und mit geblümten Stoffen bezogene Lehnsessel – nehmen zwei englische Paare im Rentenalter, eine – früher hätte man gesagt – gealterte Jungfer mit ihrer Mutter sowie eine allein reisende Wanderin Platz. Sie alle sind von „drüben", von der großen Nachbarinsel im Osten hierher nach Man gekommen. Sie wollen von der guten Luft und der relativen Nähe zur Heimat mit kurzen Wegen profitieren. Vor den Gästen, die sich förmlich mit Anekdoten und Geschichten aus der großen Kiste des kurzweiligen britischen Humors überschlagen, türmen sich bereits die schmackhaften Angebote. Dot hat alles selbst gemacht: Das Brot, die Konfitüren, die Orangenmarmelade und den Lemoncurd, eine mit Ei und Butter angereicherte Zitronenpaste, die vorzüglich auf dem ofenfrischen Toast schmeckt. Steward serviert frisches Obst aus dem Garten: Erdbeeren, Himbeeren, Blaubeeren, dazu Tee oder Kaffee, Säfte, Cerealien und Konfekt ... Bis das eigentliche Hauptmahl bereitet wird: Das „Full English Breakfast". Die Gastgeber stammen ursprünglich aus Sheffield, England, und hängen sehr an den traditionellen morgendlichen Ritualen mit Bacon, Beans und Bratkartoffeln.

Der Landcruiser wird angelassen. Oder besser einer der fünf, die das Ehepaar als Erinnerung an englische Ingenieurskunst jenseits der Irischen See gesammelt und nun in der neuen Wahlheimat wechselseitig im Einsatz hat. Dot ist sehr geschickt. Sie hatte am Vortag genau zugehört, welche Reiseziele auf dem Programm des exotischen Travellers vom Kontinent stehen: eine Tagestour kreuz und quer über die Isel of Man. Startpunkt ist im Süden der Insel, am weithin berühmten Bahnhof von Port Erin, in dem die historische Dampfeisenbahn der „Isle of Man Railways" ihren Ausgangspunkt hat. Steward mault. Ihm passt es gar nicht, dass seine Frau ihn quasi vom Frühstückstisch weg und als Taxifahrer die paar Meilen hinüber zur Bahnstation vermittelt hat. Aber: „One better doesn't argue with Dot" – „Man legt sich besser nicht mit Dot an", findet ihr Mann.

Schnaubend setzt sich die kleine bestens gepflegte Dampflok vor den Personenzug. Für ein geringes Entgelt lässt sich ein Tagesticket erstehen und somit wirklich die gesamte Insel erkunden. Busse, Straßenbahnen und eben auch die Eisenbahngesellschaft machen mit. Rumpelnd und ruckend setzt sich der historische Zug schließlich in Bewegung. Durch eine Furt aus hüfthohem Gras und üppig wuchernden wilden Feldblumen zischt die Lok, vorbei an Wiesen und durch kleine Wälder. Vor den Fenstern tanzen immer wieder weiße Wolken aus Wasserdampf und flockiger Kohleasche. An jeder kleinen Station wird gehalten, die Schaffner in altehrwürdigen Uniformen hangeln sich dann in die einzelnen Abteile und prüfen die Fahrscheine. Kaum 60 Minuten später stoppen die Perronwagen in Douglas – der Sackbahnhof der Hauptstadt ist erreicht, alles aussteigen.

Der Linienbus wiederum verkehrte nur alle 30 Minuten hinüber an die Westküste, die das Ziel dieses Ausfluges ist. Unterwegs dorthin klappert der Fahrer alle Dörfer entlang der Strecke ab. Bis sich düster und mächtig das „House of Manannan" im Hafenstädtchen Peel erhebt. Anhand einer interaktiven Schau kann das Publikum dem gleichnamigen, mystischen Seegott folgen und etwas über die maritime Vergangenheit der Insel erfahren; eine Geschichte, die Kelten und Wikingern bestimmt hatte. Draußen zieht es sich zu. Über den steinernen Mauern von Peel Castle tauchen dichte Wolken auf. Und als der Nachmittag in den grauen Gassen von Douglas dämmert, fallen auch schon wieder die ersten Tropfen. Wind kommt auf und die Temperaturen sinken.

Mit einem Pfiff zurück in Port Erin lässt die Lok zischend weißen Dampf aus dem Kessel – die letzte Tour des Tages erreicht gegen 17:00 Uhr wieder ihren Heimatbahnhof. Mit der Brise wehte draußen der Regen über die Irische See heran. Im Nu verwandelt sich der malerische

Fischerort mit seinen imposanten Kurhotels in eine trübe Kleinstadt. Über Land führt der Weg in den Nachbarort Port Saint Mary. Und nun zeigt sich abseits der beliebtesten Pfade, wie wenig nachhaltig der Reichtum auf der Insel verteilt ist: Viele Häuser stehen leer, Läden sind geschlossen und nicht einmal im örtlichen Pub gibt es noch eine Kleinigkeit zu essen. Einige bemitleidenswerte Gestalten stehen stattdessen im aufkommenden Abend schwankend an der Theke und halten sich an ihren Gläsern fest. Ein regionales Bitter Ale versüßt die Wartezeit bis zur nächsten Busabfahrt. Sie führt durch die nebelig gewordene Dämmerung, in der schemenhaft noch die fauchende Brandung des Meeres zu erkennen ist. Böen treiben salzige Luft bis an die traute Verandatür von Dot und Steward.

Es regnet und stürmt die halbe Nacht. Und als der Morgen graut, ist es unangenehm nebelig. Mit dem Sturm war die Gischt des Meeres einige hundert Meter von den Klippen bis weit auf die Terrasse der Pension geschleudert worden. In weißen Schlieren zeichnet jetzt das Salz seine Spuren an den Fensterscheiben; die See draußen bleibt unruhig. Das wirft die Frage nach dem Flugwetter und dem Schicksal des eigenen Weiterkommens für den Nachmittag auf. Waren nicht erst vor wenigen Tage alle Abflüge auf der Isle of Man den miserablen Wetterbedingungen zum Opfer gefallen? „It's all about the tide. Once it moves out to the ocean, everything will clear up" – „Das hat nur mit der Tide zu tun. Sobald sich diese auf's Meer zurückzieht, klärt sich alles auf", beruhigt Dot.
Die pensionierte Pensionsbesitzerin behält recht: Der mit manchem Schwank gewürzte opulente Frühstücksimbiss ist noch nicht beendet, da reißen am Himmel über Man die zähen Wolken auf. Die gesellige Runde aus liebenswerten Pensionsgästen macht drinnen am großzügig gedeckten Speisetisch derweil wieder schenkelschlagend den Pointen von Monty Python Konkurrenz. Draußen heben sich da die letzten Nebelschwaden über der Bucht Spanish Head. Nur wenige Schritte einen morastigen Wirtschaftsweg entlang und über eine alte Steinmauer auf die Koppel einer Schafaufzucht geklettert – man hat die Natur tatsäch-

lich ganz für sich allein. Entlang der Küsten bei Colby bleiben Wandersleute wahrlich unter sich. Die Landschaft leuchtet paradiesisch frisch, gereinigt vom Wind und den nächtlichen Schauern. Die Regentropfen glitzern jetzt im Gras wie Diamanten. In der Ferne erhebt sich auf einer Halbinsel im Watt ein Leuchtturm, vor gefährlichen Untiefen warnend. Der schmale Pfad folgt unterdessen der schroffen Küstenlinie, führt über Barrieren aus Erde und Stein, die Rinder von Schafen trennen – und endet bald in der romantische Küstenstadt Castletown. Der Ort war bis 1874 die Inselhauptstadt und die mit Abstand schönste Siedlung von Man, auch dank der Mündung des Flusses Silverburn am kleinen Hafen, überschattet von der majestätischen Burg Rushen. An ihre Mauern schmiegen sich hübsche Häuser, deren Giebel das Wappen der Isle of Man schmücken: drei angewinkelte Beine in einem Rad stehend.

Als am Nachmittag pünktlich die kleine tschechische Let410 für die CityWing auf dem Ronaldsway Airport startet, grüßt die ganze Idylle noch einmal zum Abschied: Der Burgturm von Castle Rushen, das elitäre King-William-Internat mit seinen düsteren Mauern, der Fischereihafen von Castletown, die grünen Wiesen und Felder, in der Ferne das Haus der wahrlich liebenswerten und großzügigen Gastgeber – und weit dahinter das offene Meer.

Die Achterbahn in Blackpool

Parteitage zwischen Zuckerwatte und Gay-Parade
Blackpool, Nordwest-England, 2015

Bohrinseln liegen auf halber Strecke zwischen Irland und der britischen Insel. Im dunklen Wasser ragen ihre Masten und Stahltürme hoch auf, die ein kurzes Stück weiter an Land ein bauliches Pendant finden: Der Aussichtsturm von Blackpool – der Blackpool Tower – überragt seit 1894 die Küste der Grafschaft Lancashire. Seine Plattform in 158 Metern Höhe und die Silhouette der aus vielen Stahlträgern zusammengesetzten Konstruktion sollen an den Eiffelturm von Paris erinnern. Voilà: Hier gibt es die britische Kopie davon.

Das Wahrzeichen der elitär-mondänen französischen Hauptstadt als Kopie in einem englischen Seebad? Das konnte einfach nicht viel taugen. Wie sehr tatsächlich der erste optische Eindruck von Paris täuscht, macht die enttäuschende Ankunft auf dem Starr-Gate-Airport von Blackpool deutlich. Der sogenannte Flughafen hat nicht einmal eine Ankunftshalle. Stattdessen führt der Weg für die Passagiere einfach unter freiem Himmel und zu Fuß von der Maschine direkt durch das rostige Drehkreuz einer metallenen Schleuse. Wie durch den Ausgang eines Schwimmbads läuft der Passagier hinaus … und steht draußen verloren auf dem kleinen Vorplatz, auf dem kein Taxi, kein Bus in Sicht ist. Wer hier landet, sorgt besser selbst für seine Bequemlichkeit und hat das Weiterkommen vorab arrangiert.

Im Rücken den Lärm der schon wieder startenden Let410, geht es zu Fuß immer weiter in Richtung des Blackpool Towers. Das weithin sichtbare Wahrzeichen der Stadt bietet zusammen mit einer benachbarten Achterbahn eine gute Orientierung. Schon bald gibt es von einer hoch aufgeschütteten Uferpromenade aus einen fabelhaften Blick hinaus auf die Irische See, welche diesseits anscheinend als Gefahrenherd identifiziert wurde: Vom Scheitelpunkt der breiten Deichkrone bis hinunter zum Sandstrand wird das Nass mit Betonplatten gesichert. Das wirkt hässlich und macht wenig Laune, dort unten ein Bad zu nehmen. Zur anderen Seite erstreckt sich die frisch geteerte Küstenstraße, entlang derer sich ein Hotel an das andere reiht. Doch die meisten Perlen dieser Kette sind bereits erblindet, andere gar ausgeschlagen. Gleich zwei ehemalige Großhotels aus der Zeit um 1900 sind vor nicht langer Zeit ein Raub der Flammen geworden. Unabhängig voneinander? Aus Zufall? Der Verdacht drängt sich auf, dass hier – den Pleitegeier im Nacken – ein „warmer" Abriss als die beste Lösung erschienen haben könnte. Mutmaßlich steckten gemeine Schurken hinter dem Inferno, die ihr eigenes Eigentum angezündet hatten, um die Versicherungssumme zu kassieren. Andere Unterkünfte auf dem Vorzeigeboulevard sehen so aus, als hätten ihre Besitzer bereits Pleite gemacht, haben tatsächlich aber geöffnet. Hinter desolater Fassade wird mit einem Übernachtungs-preis von läppischen 20 Pfund gelockt. Und doch: Blackpool ist voll. Tausende säumen die Straßen oder sitzen im gleißenden Licht der Sommersonne draußen in einem der Cafés. Es ist eine sonderbare Klientel, die diesen Ort mit seinen unwahrscheinlichen 20-Pfund-Herbergen bevölkert und als Urlaubsdomizil für sich entdeckt hat. Tätowierte Hooligans, mit vom Bierkonsum geröteten Köpfen. Tätowierte Arbeiter, die sich mit ihren Liebsten ein Stelldichein geben. Tätowierte Teenagerinnen mit zwei, drei Kindern an der Hand. Und eine Handvoll alternder Ehepaare, die sich rührselig – gegenseitig unterge-hakt und wie vermutlich schon die vergangenen 50 Jahre auch – immer wieder im Sommer in Blackpool zum Bingo-Spiel bei einer Tasse Tee in die Lobby des Grand Metropole Hotels setzen. Eine Groteske, deren Trostlosigkeit zunimmt, auf dem sechseinhalb Kilometer langen Weg vom Flugplatz bis zur gebuchten Unterkunft.

Die gesamte Küstenlinie präsentiert sich als eine in die Jahre gekommene Meile von Läden für den Zuckerwatte- und Softeisverkauf, Losbuden, Glücksspielparlours sowie Bierausschank. Ein Riesenrad dreht sich fast ohne Gäste im Seewind, einige Autoscooter rollen, bunte Lichter blinken, der Geruch von verbrannten Würstchen und die lauten Rufe eines Billigen Jakob erfüllen die Luft. An zentraler Stelle im Ort – den Blackpool Tower schon im Blick – rattern die Waggons der gigan-tischen Achterbahn über bunt lackierte Gleise. Ihr Namen, „Pleasure Beach" – „Strandvergnügen", scheint da schon wie humorvolle Ironie. Das Seebad, das jahrelang Schauplatz für die legendären Politkongresse der Labour Party gewesen ist, verkümmert in einer Art Dornröschen-schlaf. Es will wie schon seit 150 Jahren das Parkett für ausgelassenes Amüsement im Sommer sein – und erscheint genau damit aus der Zeit gefallen. Die Motive dieses Szenarios wirken eher wie die real gewordenen Bilder von Martin Parr. Der britische Fotograf nimmt seit den 1980er-Jahren auf wunderbar abgründige Weise seine Landsleute mit makabren Bilderserien aufs Korn. Auf der Promenade von Blackpool scheint man wie durch die Diasammlung Martin Parrs zu wandeln. Neu sind seit 2006 eigentlich nur die jährlichen Gay-Paraden, die schrillen Straßenumzüge der Schwulenszene, die Blackpool für sich entdeckt hat und die Parr als Chronist seines Landes noch nicht in Bildern festgehalten hat. So bestimmen weibische Jungs eigentlich nur die Werbebroschüren der überaus toleranten Tourismusbehörde, aber weniger den hiesigen Alltag. Auch die aus früheren Jahrzehnten bekannten mondänen Dinnerempfänge mit „sparkling wine" für irgendeine Parteielite bleiben unauffindbar. Stattdessen sind viel mehr recht normale junge Menschen mit ganz durchschnittlichem Outfit in Blackpool unterwegs. Betrunken und ein wenig übermütig erobern sie in gemischten Gruppen die Straßen, kaum dass die Dämmerung das Seebad erfasst hat. In vielen Clubs mit Livemusik ist dagegen schon lange das Licht ausgegangen und diejenigen, die weiterspielen, bieten überschaubare Riffs in – trotz Sommerfrische – halb gefüllten Sälen. Die Hinterlassenschaften der Open-Air-Exzesse aus Dosenbier, Becherei und Würstchen auf Papptellern liegen unterdessen tagelang hinter der Amüsiermeile.

Doch vielleicht hält die Regierung eines nicht allzu fernen Tags ihr Versprechen und hebt die Mindestlöhne auch für die hier tätige Straßenreinigung an. Von derzeit 6,50 Pfund soll es auf mindestens 7,20 Pfund oder sogar auf neun hinauf gehen. Ein willkommener Geldregen, welcher der Binnennachfrage auf die Beine helfen könnte und in der Tradition von Labour jetzt ausgerechnet von den Konservativen vorgeschlagen wird.

Innenstadt von Birmingham

Trainspotting
Birmingham, West-Midlands, England, 2015

Zischend schieben sich die Türen auseinander und ein schmuckloser Gang taucht in grellem Neonlicht auf. Niedrige Decken, weißer Wandverputz, dunkelgrauer Noppenbelag aus PVC. Auf dem Bahnsteig von Birmingham New Street, dem Hauptbahnhof der Industriestadt inmitten der Midlands, lassen sich weder Werbung noch Namenstafeln finden. Ein tosender, düsterer Untergrund, der augenblicklich in dröhnendem Lärm versinkt – wie früher in den nahen Bergwerksschächten untertage. Während sich der elegante Hochgeschwindigkeitszug langsam zurück hinauf ins Sonnenlicht schiebt, führt der Fußweg oben hinaus. Ein Labyrinth aus Provisorien: Die gesamte Station erzittert von Schleifmaschinen und Presslufthämmern. Der Bahnhof soll künftig etwas her machen und wird mit reichlich Stahl und Aluminium in eine Art metallenes Überraschungsei umgestaltet, wie den plakatierten Illustrationen zu entnehmen ist. Das könnte dauern. Und noch haben die Metallbauer, Schleifer und Glasbauingenieure alle Hände voll zu tun. Alle paar Meter ist hier ein Polizist aufgestellt, der die Baustelle vor Anschlägen sichern soll. Die Bobbys sind zwischen all dem Staub und Krach nicht zu beneiden ... Die Wachen draußen vor der Tür allerdings auch nicht. Denn anscheinend bietet diese Stadt nur zu einer Seite hin – nach Norden – so etwas wie ein Zentrum. Altehrwürdiger Charme blitzt auf bei einer Handvoll eleganter Ladenzeilen und Passagen entlang der Temple Street. Gleich um die Ecke, am Saint Philips Place, findet sich in einem kleinen Park die Birmingham Cathedral. Der Bau aus dem 18.- Jahrhundert überragt die einzige zusammenhängende Grünfläche weit und breit. Der Blick in andere Himmelsrichtungen macht eher ratlos. Da sind Autobahnen und Schnellstraßen durch hügeliges Terrain verlegt, flankiert von Wohntürmen aus den 1970er-Jahren. Soziale Randgruppen finden Quartier in einem Zentrum, das gefühlt keines ist. Mitten in dieser Stadt war an zu vielen prominenten Stellen der Leerstand eingezogen und hinter den Waschbetonfassaden mancher Bürotürme residieren schon lange keine Firmen mehr. Verödete Fenster spiegeln die Umgebung. Und passend zum porösen Asphalt wirkt die raubeinige Art der Gegend: Morgens reiben sich Obdachlosen die müden Augen und packen ihre bescheidenen Habseligkeiten zusammen – ehe gegen Mittag echte Kerle vor Ort auftauchen, Jugendliche unterschiedlicher Claims oder Zugehörigkeiten. Man steckt seine Gebiete ab, checkt die Lage, die Leute und gibt sich unbezwingbar. Tätowierte Arme schieben lässig Baseballkappen in sauber ausrasierte Nacken und aufs Stichwort folgen ritualisierte Begrüßungszeremonien. Zupackende Hände, gekreuzte Finger – die modernen Helden, die anderen Leuten den Weg abschneiden können. Der Schwächere zieht in diesen Straßen den Kürzeren. Es ist ein Versuch, in einer Gesellschaft, die nur wenigen wenige Chancen bietet, ein Stück Selbstachtung zu bewahren. Letztere wird gestärkt mit einer Mischung aus Machismo und einem gechillten Lebensstil. Wahrlich nichts Besonderes für junge Leute auf der Suche nach ihrer Identität und häufig Bestandteil im Alltag vieler westlicher Großstädte. Doch hier im Zentrum von Birmingham macht ein solches Theaterspiel besonders ratlos. Eine Millionenmetropole, deren Stadtbild sonderbar zerfasert erscheint und kaum einen Anfang, kaum ein Ende erkennen lässt. Vor allem aber keinen echten Ortskern. Eine Großraumsiedlung voller Brüche und Sprünge. Gleichwohl gesegnet mit unzähligen Hotelbauten. Wie Schuhkartons stapeln sich die Herbergen – von Best Western, Hampton, Holiday Inn Express, über Ibis, Mercue, Park Inn bis hin zu Premier Inn oder Travel Lodge. Das Vorhandensein derart vieler uniformer Unterkünfte wirft die Frage auf, was in dieser Stadt einen solches Angebot von Hotelbetten nötig macht.

Zwischen vielen beliebigen Fassaden bleibt als Verbindung stiftendes Element ein ausgeklügeltes Schleusensystem mit weitreichenden Kanälen. Die Gabelungen des Birmingham-Fazeley-, des Grand-Union- und des Birmingham-Warwick-Junction-Kanals entpuppen sich als schiffbare Fixpunkte zwischen all der betonierten Hässlichkeit. Hier unten in den gemauerten Gewölben und teils unterirdischen Wasserstraßen hat das einstige Zugpferd der Industrialisierung etwas von seinem früheren Charakter bewahrt. Früher profitierte auch Birmingham von der industriellen Revolution im 19.-Jahrhundert sowie der Zeit danach: Werkzeuge und Maschinen, elektrische Anlagen und Geräte – solche Errungenschaften liefen damals in den Werkhallen dieser Stadt vom Band. Dort hatte auch so manches Patent von Weltrang seinen Ursprung; die meisten der dazugehörigen Fabrikationsstätten sind inzwischen dem Zahn der Zeit zum Opfer gefallen. Einigen historischen Hallen bleibt dagegen eine zweite Karriere als Underground-Club, andere bieten den Street-Artisten – den modernen Helden mit den Baseballkappen – Raum. Nur noch vereinzelt sind in solchen Backsteingaragen allerdings die alteingesessenen metallverarbeitenden Betriebe aktiv. Stanzer, Schleifer und Dreher treten an in den Resten der Industrialisierung.

Weiter oberhalb – ein Stück die Straße hinauf, an Stellen, da zwischen den Kulissen der Stadt der Blick frei wird auf die im Abendlicht glänzenden Gleise – trennen sich die Wege von jungen Graffiti-Sprayern und Männern ohne ein spezifisches Alter. Letztere haben sich die guten graumelierten Hosen angezogen und harren in gleichfarbigen Anoraks auf mitgebrachten Klappleitern aus. Einer hat sich auf einem Küchenblock die Abfahrtzeiten des Cross-Country-Express notiert. Als der dieselelektrische Zug die Station New Street verlässt, heben sich unisono die Fotoapparate, klicken simultan die Bilder. Der elegante Hochgeschwindigkeitszug entschwindet im Black Country, der jahrzehntelang von einer qualmenden Montanindustrie verdunkelten Umgebung der Stadt. Da stecken die Trainspotter befriedigt ihre Kameras weg, drehen die Thermoskannen zu und räumen gut gelaunt den Schauplatz.

Anti-Brexit-Demonstration am Green Park*, London*

Golden Star

London, England, 2019

Schon am Abend zuvor hatten sie sich versammelt, stimmungsvoll und lautstark. Protestler mit geschulterter EU-Flagge auf dem Parliament Square vor der weltberühmten Westminster Abbey mitten im Zentrum Londons. Gespickt mit kreativen selbst gemachten Aufklebern und Plakaten hatten zwei Dutzend Demonstrierende in der Innenstadt Position bezogen. Strategisch günstig platziert harrten einige sogar ein kurzes Stück entfernt und am Zaun vor der Downing Street Number 10 aus. Abgeschirmt von zahllosen Bobbys – den englischen Polizisten mit den markanten unförmig hoch aufragenden Helmen – sowie hinter Stacheldraht und Videokameras verschanzt residiert hier Theresa May. Die britische Premierministerin hatte binnen eines rund zweijährigen Ringens keine Mehrheiten für irgendeine Variante eines geordneten Austritts ihres Landes aus der Europäischen Union organisieren können. In diversen Abstimmungsrunden hatte die Politikerin eine krachende Niederlage nach der anderen erlitten. Die Parlamentarier hatten in Bausch und Bogen zu allen Vorschlägen Nein gesagt. Ein neues EU-Brexit-Votum: kam nicht infrage. Ein Austritt ohne Abkommen: bitte auch nicht. Ein Austritt mit gleichzeitiger Mitgliedschaft in einer EU-Zollunion: auf keinen Fall. OK, dann wäre eine harte EU-Außengrenze zwischen dem britischen Nordirland und dem EU-Mitglied Irland eine unausweichliche Folge: oh, no!

Jetzt bleiben nur noch sechs Tage bis zum selbst gewählten, inzwischen sogar per Gesetz festgeschriebenen Ausscheiden UKs aus der EU – und die Aussichten stehen für alle Beteiligten schlecht. Jene, die für einen kompromisslosen Abschied aus der EU sind, laufen inzwischen ebenso gegen das Parlament Sturm wie die Befürworter eines Verbleibs. Die Stimmung oszilliert zwischen einem radikalen Bruch mit dem Kontinent und einer sofortigen Annullierung des Brexits, bei dem die Bevölkerung abermals um ein Votum gebeten werden soll. Jede Fraktion hat ihre Für- und Widersprüche. Derweil läuft den für das heillose Chaos und einen drohenden ruinösen Niedergang Verantwortlichen die Zeit davon.

Hatten die proeuropäischen Demonstrierenden am Vorabend noch direkt am Amtssitz der Premierministerin lautstark für die EU Stimmung gemacht, so gehört dieser Samstag schließlich gänzlich den Europa-Fans: Tausende blaue Fahnen mit dem Kranz aus goldenen Sternen wehen im Frühlingswind, der über das noble Diplomatenviertel Belgravia und die königliche Pall Mall vor dem Buckingham Palace weht. Die Sonne blinzelt durch eine sich allmählich verflüchtigende Wolkenschicht und bescheint die größte jemals in den Straßen von London registrierte Demonstration. Der Protestzug von über einer Million Menschen besteht überwiegend aus jungen Leuten, Familien mit Kindern, Rentnern – anscheinend die Durchschnittsbevölkerung also und keineswegs eine radikale oder gar vermummte Extremistenszene. Mit selbst gemachten Bildern, Plakaten und Handzetteln weisen sie kreativ und originell auf die unmittelbar drohenden Gefahren eines EU-Austritts hin. So werden die angeblichen Steuervorteile für UK ebenso in Zweifel gezogen wie die Aussage der Regierung, wonach durch eine eigenbrötlerische Gangart Großbritannien zu neuer wirtschaftlicher Blüte kommen würde. Die treibenden Kräfte hinter dem Brexit werden auf Papptafeln als Lügner verhöhnt. Dabei gleitet so mancher Spruch ins Vulgäre ab: „Fuck Brexit", „Shit on Boris" oder „A fart to Brexit" stehen da zu lesen. Friedlich zieht der bunt beflaggte Marsch einmal quer durch London zur abschließenden Großveranstaltung direkt an den alt ehrwürdigen Mauern des Westminster Palace, in dem ein politischer Winkelzug nach dem anderen durchlitten wird. Während das Land mit Volldampf in ein wirtschaftspolitisches Vakuum steuert, gelingt es weiterhin kaum, eigene Mehrheiten sauber auszutarieren. Unter Buhrufen und Fahnen schwenkend ziehen die Demonstrierenden davon.

In Hörweite des Umzugs genießen zeitgleich die zugereisten Eliten – zahlungskräftige Familien aus Übersee – die Strahlkraft der Frühlingssonne und zelebrieren den Hedonismus. In den Lokalen und Hipster-Kneipen von Knightsbridge sitzen die Söhne und Töchter aus manch nahöstlichem Herrscherklan bei Schwarztee unter freiem Himmel und plaudern. Von der Demonstration im Hintergrund ungestört, werden Muscheln mit Pommes und stilles Mineralwasser bestellt. Vor den schneeweiß gestrichenen Fassaden des Diplomatenviertels, an denen überall die Flaggen ferner Staaten flattern, parken nur die edelsten Luxuskarossen. Hier lassen sich auch zu stolzem Preis feine englische Lemontart, opulente Schoko-Brownies oder mit grünem Guss überzogene Minttörtchen kosten, allesamt serviert auf mit Gold gerandetem Porzellan. Das Angebot nimmt die zahlungskräftige Klientel dankbar an: die Tische sind besetzt von Leuten, die in den schicksten Maßanzügen und teuersten Kostümen eingekleidet sind. In den Edelboutiquen gleich gegenüber gibt es genau diese wunderschön anzuschauende Garderobe zu kaufen. Die Reichen und Superreichen gehen dort ein und aus. Sie greifen zu beim Shopping am Wochenende. Ganz so, als drohe keine Wirtschaftskrise, als sinke momentan nicht der britische Stern, der noch Teil der blauen Europa-Flagge und Symbol einer schon lange hinterfragten EU-Mitgliedschaft ist.

Ähnlich sorglos, wenngleich auch mit anderem Geldbeutel, amüsiert sich zeitgleich eine gänzlich andere Bevölkerungsschicht, nur wenige Meilen vom Treffpunkt der Schickeria, der Diplomaten und Royaltys entfernt. Die Busfahrt führt vorbei an einer Vielzahl kleiner Parks und Grünstreifen, die überall im imperialen London für überraschende Oasen inmitten urbanen Getümmels sorgen. Das war bei ihrem Aufbau vor vielen Jahrzehnten sicherlich als Ausdruck puren Luxus gemeint und sollte zusammen mit den üppigen Steinmetzarbeiten – den Säulen und Friesen mit Figuren und Ornamenten – repräsentieren. Heute aber ist all das Grün bitter nötig in einer Stadt, die lange schon zu einer globalen Millionenmetropole geworden ist und aus allen Nähten platzt. Und dazu tragen weiß Gott nicht nur die Reichen bei. Beim Besäufnis in einem der zahllosen Pubs der Stadt, die den Gästen einen Ausgleich zu einer mühsamen und langen Arbeitswoche voller Anstrengungen bieten, jubelt man einmal mehr und überschwänglich beim Nachbarn untergehakt über die Tore des jeweils favorisierten Fußballclubs. Von der noch immer laufenden Demonstration in der Innenstadt ungestört, werden „lovely Fish&Chips" und bittere englische Ales bestellt. Bierselig verfliegen etwaige finstere Aussichten auf alles Kommende. Während die Handwerker und Kulis noch ein letztes Pint bestellen, die letzten Metrozüge zurück in die Depots rumpeln, schlägt jetzt erst die Stunde junger Partygänger aus der englischen Provinz. Schon reichlich in Fahrt und das halbe Hotel zusammen brüllend, machen sie sich mit ihren Freundinnen bereit für eine zu durchtanzende Nacht.

Sheerness-on-Sea auf der Insel Sheppey

Schäbiges Sheppey
Sheerness-on-Sea, Südost-England, 2019

Hinter der honorig klingenden Anschrift „Marine Parade" verbirgt sich eines der für Großbritannien so typischen Reihenhäuser. Schneeweiße Fassaden, überschattet von einem Schrägdach und geschmückt mit Giebeln und Säulen, gaukeln der Welt ein Stück Wohlstand vor. Sie wecken das Bewusstsein für die repräsentativen, die imperialen Ansprüche des Königreichs. Zu einer Zeit, da das Empire weite Gebiete auf dem Globus unter seine Kontrolle gebracht hatte, sollte sich auch auf dem Lande wie hier in Sheerness-on-Sea – rund 80 Kilometer östlich von der potenten Kapitale London – ein jeder ein Heim leisten können, das bauliche Parallelen zu den Regierungsgebäuden der Hauptstadt aufweist. Mehr noch ziert hier das Zentrum dieser Kleinstadt am Wasser eine schmiedeeiserne Miniatur des Big Ben, des imposanten Uhrenturms am Parlament von Westminster. Baugleiche Abbildungen finden sich auch in der Innenstadt des bangladeschischen Sylhet oder in Victoria, der Hauptstadt der Seychellen. Die gusseisernen Miniaturen zeigen die Tageszeit an und erinnern die Menschen in Übersee symbolträchtig an das Original in der Machtzentrale. An London. Und auch an eine Jahrzehnte währende britische Dominanz.

Das Haus mit der Nummer 26 an der Marine Parade bot einst einem prominenten Exilanten Quartier: Uwe Johnson. Aus der DDR in den Westen geflogen, fand der Schriftsteller hier sein neues Heim, in einer Bleibe, die in einer Reihe gleichförmiger Bauten steht. Sie schirmt die Strandpromenade des Haupt- und Badeorts der Insel Sheppey wie einen Riegel zum Wasser hin ab. Zur unmittelbar vor den Türen liegenden Themse-Mündung. Das Ensemble scheint seine großen Jahre bereits hinter sich zu haben. Davon zeugt eine Vielzahl geschlossener Läden in der angrenzenden High Street. In der wohl prominenten Haupteinkaufsstraße des Ortes, unmittelbar bei der markanten Big-Ben-Miniatur, laufen derzeit die Geschäfte mit den Ein-Pfund-Schnäppchen glänzend. Dann ist da noch das liebevoll geputzte und herzlich von zwei Schwestern bewirtschaftete, aber weithin ohne Gäste auskommende Royal

Hotel. Die beiden beweisen trotzdem Humor: Auf dem Treppenabsatz, der über geblümte Läufer und knarrende Dielen hinauf zu den Gästezimmern führt, grüßt als großformatiges Wandbild die „Green Arrow". Die grün lackierte Dampflok aus den 1930er-Jahren ist in einem golden gerahmten Foto festgehalten, groß wie ein Werbeplakat. Und falsch herum in die Wandvertäfelung eingeschraubt: Die Gleise liegen so verkehrt herum, der Rauch zieht auf dem Bild nach unten weg. Oben in den Zimmern zieht der salzige Seewind durch locker sitzende Schiebefenster und mischt sich mit dem penetranten Geruch eines pfefferminzhaltigen Raumsprays. Immerhin sorgen die Gastgeberinnen mit dröhnend stampfenden Ibiza-Techno aus der Jukebox unten für Partystimmung in der geräumigen Schankstube. Abends bis zehn und unter gleißendem Energiesparlicht, im Foyer des Royal Hotels. Da hocken dann beim Bier einige wenige schwergewichtige Gestalten beisammen und heben matt eine Augenbraue, kaum dass sich die Eingangstüre bewegt. Nur die Küche bleibt hier kalt. Also wieder hinaus ins dunkle Sheppey mit seiner aromatischen Salzluft, vorbei an den verwitterten Häusern des Viertels Mile Town und weiter zum nahen Groß-Pub. Etwa 250 Personen haben Platz im „The Belle Lion" an der High Street; gerade mal sechs Gäste sitzen heute vor ihren frisch gezapften Pints. All das befeuert die Lust, einen der achtmal täglich über eine Brücke auf das englische „Festland" verkehrenden zweigliedrigen Triebwagen zu besteigen, um zurück in die Kreisstadt Sittingbourne und von dort nach London zu entfliehen. Denn auch der weiße Anstrich der Häuser an der Marine Parade weist lauter feine Sprünge auf. Graue Schlieren betonen die Risse im Putz, die Fassaden eines vergangenen Wohlstands. Zu einer Zeit, da jene Reihenhäuser noch besser in Schuss gewesen sein müssen, als das Uhrwerk im Mini-Big-Ben drüben an der Hauptstraße noch funktionierte, die Leute nach Sheerness-on-Sea kamen, um sich zu erholen und ihren Urlaub in freudiger Erwartung zu genießen, als es noch Eis und Zuckerwatte zu kaufen gab. Zu einer Zeit also, da noch keine prall gefüllten Müllsäcke in beengten Vorgärten warteten, abgeholt zu werden, hatte vermutlich Uwe Johnson in der Nummer 26 Quartier bezogen. Eine kleine Plakette neben der Haustür weist heute darauf hin, dass hier bis zu seinem Tod 1984 der mecklenburgische Schriftsteller gelebt und an seinem Hauptwerk „Jahrestage" gearbeitet hatte. Seinerzeit waren die Gedanken gewiss noch inspiriert worden von der ungetrübten Aussicht hinaus auf die grau-braunen Wasser unmittelbar vor der Tür. Von seinem Schreibtisch aus hatte Johnson zu Lebzeiten das Spiel der Gezeiten, das ständige Auf und Ab von Nordsee und Flusswasser verfolgen können. Heute sind die Anwohner jedoch konfrontiert mit einer Flutschutzmauer aus nacktem Waschbeton, entlang der gesamten Marine Parade. Während draußen im grellen Sonnenschein eines stürmischen Montagmorgens die örtliche Jugend in ihren dunkelblauen englischen Schuluniformen zum Unterricht auf den West-Campus der „Oasis Academy Isle of Sheppey" eilt, muss man jetzt selbst schon über die unansehnliche Betonnaht steigen, um wasserseitig etwas von der vormals gerühmten Schönheit Sheerness' zu erleben.

Hölzerne Pfähle sind alle paar Hundert Yards draußen im Watt der Minster Leas in den steinigen Strand gerammt, um die zerstörerischen Kräfte der Brandung zu brechen. Die stechenden Strahlen der Sonne lassen die im Wind gekräuselten Fluten blitzen, die Luft ist vom Tosen der Wellen und den Schreien der Möwen erfüllt. Das gibt eine Ahnung davon, was die Menschen früher einmal hierher zum Urlaub, was einen Uwe Johnson dereinst hierher nach Sheppey geführt haben könnte. Heute nun ragen in östlicher Richtung, weit draußen im Meer gewaltige Windkrafträder empor. Offshore bieten sie Alternativen zu den nicht all zu weit entfernt arbeitenden Atomreaktoren von Dungeness in der Grafschaft Kent. Auf der nördlichen Seite der Themse-Mündung markieren dagegen einige Hochhäuser das Zentrum der Stadt Southend-on-Sea. Und im Westen stechen aus der flachen Marschlandschaft Schrottplätze, Laderampen, Heizkraftwerke sowie weiter entfernt die stählernen Kräne von Hafen- und Containerterminals als Vorboten der globalen Weltwirtschaft hervor, alles Markierungen sozioökonomischer Wendepunkte in der bewegten Geschichte der Region.

Schottische Originale – Graffiti am Scotia Airport Hotel

Paisley Now
Von den schottischen Lowlands auf die Hebriden nach Castlebay, 2019

Die Broschüre hat Gewicht. Dicker Karton ist bedruckt mit ausgesuchten Fotos nur der schönsten Seiten der selbst ernannten „größten Kleinstadt Schottlands". Die Produktion unter dem Motto „Paisley Now" – „Paisley jetzt" – hatte fraglos ihren Preis gehabt. Vielleicht ein wenig viel für einen solchen Ort. Paisley, eine Ortschaft mit eigener Bahnstation und nur wenige Meilen südlich von Glasgow entfernt, kurz über den Fluss Clyde sowie einen Katzensprung entfernt vom Flughafen Abbotsinch, liegt abseits internationaler Besucherströme. Das Werbeblatt der Gemeinde will eben dies ändern und preist neben anscheinend urwüchsigen Pubs hinter Mauern aus Felsbrocken, dem heimatkundlichen Museum der Region Renfrewshire – untergebracht im altehrwürdigen Rathaus – auch die Abbey aus dem 12.-Jahrhundert an. Ihr kastenartiger Turm steht jetzt im Umfeld eines Gewerbegebietes. Ein Solitär aus rotbraunem Sandstein, ein Stück bergab und in Einheit mit den Plattenbauten der Glasgower Vorstädte. Dahinter die moosgrünen Ausläufer der Southern Uplands als ferner Gruß an das weite, wilde, das Bilderbuch-Schottland. Der Asphalt hier ist gesprungen und wellig. Die Wege glänzen vom Regen der vergangenen Nacht.

Noch am Abend war die Boeing in Glasgow gelandet. In einer weiten Kurve hatte der Jet die an Arbeitervierteln und Plattenbauten reiche schottische Metropole umrundet. Sie mussten 40 Jahre zuvor noch ein ganzes Stück trostloser angemutet haben. Und zwar so deprimierend, dass der in Hollywood ersonnene Spionagethriller „Gorki Park" seine sowjetischen Protagonisten eben dort leben ließ. Moskau am Clyde.
Davon war am Gate von Amsterdam Schiphol beim abendlichen Abflug nichts zu spüren gewesen. Eher zeichnete sich dort – zwischen Duty-Free-Shops und Läden mit holländischem Käse – eine gewisse Vorliebe zur eigenwilligen Gangart im Norden von Großbritannien ab. Einen Hinweis darauf, dass das Reiseziel Glasgow „rather raw" – „ziemlich rau" – sei, wie es eine Londoner Freundin immer schon umschrieben hatte, gab

hier die abendliche Stunde. Während man selbst im Warteraum noch seine sieben Sachen sortierte, fiel – klack! – einem jungen Burschen nebenan das Handy auf den Boden. Viele Augenpaare wanderten rüber zu dem etwa 20-Jährigen in dunkelblauer Mod-Jacke, jene mit dem rot-blau-gelb karierten Innenfutter von MMB, als sich schon – splasch! – im großen Schwall sein Mageninhalt auf den Boden ergoss. Erst auf sein Mobiltelefon, dann auf den ganzen schönen hellen Granit des Warte-bereichs vom Amsterdam Airport. Die zuständige Hostess fand das alles gar nicht lustig, kam hinter ihrem Schalter hervor gepprescht und ließ sich von dem kreidebleichen, schlotternden Reisenden Pass und Bord-karte aushändigen. Die hellblau Uniformierte hatte die Polizei angerufen. Das war's dann: Der junge, offenkundig narkotisierte Mann wurde vom Flug ausgeschlossen. Mit den örtlich erhältlichen Hasch-Keksen musste man eben vorsichtig sein. Kopfschüttelnd wandten sich drum herum einige Landsleute ab, die ihrerseits in grün-blau karierten Knickebockern samt hellbrauner Halbschuhe, in hellroten Schnürstiefeln oder Sport-garderobe steckten. Der Zufall wollte es – der Mittelplatz blieb wegen des labilen Aussteigers frei, was den Flug bequemer und bedeutend angenehmer machte. So war lediglich noch ein kurzer Fußmarsch durch eben jenes Gewerbegebiet von Paisley und hinüber zum beschaulichen „Scotia Airport Hotel" erforderlich. Es befand sich am Rande einer menschenleeren düsteren Seitenstraße, umgeben von Autowerkstätten, Transportunternehmen und Ersatzteilgrossisten. Untergebracht in einer markanten, zweigeschossigen Villa aus Sandstein mit schmiedeeisernen Geländern, schnörkellosen prächtigen Treppenaufgängen und hohen Decken. Ein Prachtbau aus der für das Vereinigte Königreich einst so glorreichen Zeit des Empires. Golden glänzende Messingbeschläge an einer vom schwarzen Lack glänzenden Tür, die ein Nachtportier von drinnen öffnete. Er steckte in weiten Hosen, die mit verwaschenen Batikfarben ein Regenbogenmuster zeichneten, und einem T-Shirt, das mal in Weiß gewesen sein musste. Und weil er partout barfuß über dem ausgerollten Flokati unterwegs sein musste, bollerte die Heizung an der Rezeption auf vollen Touren. Freundlich erledigte das vollbärtige Blumenkind alle Formalitäten. Endlich zur Nachtruhe. Schnell noch im muffigen Parterrezimmer das einfach verglaste Schiebefenster hoch. Im Hintergrund der Lärm von Flugzeugen.

Nun bei Tageslicht besehen gewinnt das Viertel an Profil. Schlag sieben hatten sich auf dem benachbarten Schrottplatz irgendwelche Baufahrzeuge und Bagger in Bewegung gesetzt. Metall schlägt seitdem krachend aufeinander. Der Drosselbart vom Vorabend hat da schon lange Feierabend gemacht und stattdessen einer Dame mit gelblicher, etwas zerknitterter Haut den Platz überlassen. Sie sperrt eben die Türen auf, öffnet der überheizten Luft wie auch dem Aroma von Zigarettenrauch den Weg nach draußen. Selbst von einem latenten Nikotingeruch umgeben, beginnt sie jetzt – bisweilen vom Hustenreiz unterbrochen – mit rauchiger Stimme zu erzählen: Von dem Haus, das heute als „Scotia Airport Hotel" firmiert, aber früher eine Zollstation gewesen sei und deswegen so feudal daherkommt. Feudal in einem Umfeld der Arbeiter – denn kaum anderes erscheint dieses Paisley. Eine Vorstadt, in der man „als Frau besser nicht abends allein unterwegs sein sollte", hatten frühere Reisende schriftlich kommentiert. Andere hatten sogar notiert, dass dieses „Paisley die wohl schlimmste Vorstadt aller schottischen Vorstädte" sei und man im Vorfeld „keine Ahnung gehabt habe, auf was man sich da" einlasse. So furchtbar ist diese von einem grauen Himmel überschattete „größte Kleinstadt Schottlands" allerdings nun auch nicht. Sie wirkt abgenutzt, das ja. Schrammelig, auch unbequem – vor allem wegen des stark welligen Asphalts, der rasch zur Stolperfalle werden kann und in dem sich nachts Pfützen gebildet hatten. Die rasant fahrenden Lieferanten, die seit dem frühen Morgen mit ihren Transportern in einen neuen Arbeitstag unterwegs sind, lassen beim Durchfahren das Regenwasser in alle Richtungen spritzen.

Drüben am Airport Glasgow Abbotsinch kreist schon der Pleitegeier. Der Welt ältester Touristikanbieter Thomas Cook hat kurz zuvor Bankrott angemeldet und seine grau-gelben Flieger bleiben am Boden. Mit ihnen Zehntausende britische Urlauber, die monatelang auf einen wohl verdienten Jahresurlaub hin gefiebert hatten. Umgekehrt sitzen Hunderttausende Thomas-Cook-Kunden in Übersee fest – ohne gültige Tickets, ohne ein Hotelzimmer. Der Brexit und der einmal mehr auf 2021 verschobene Austritt aus der Europäischen Union lässt Aussichten auf eine positive Wirtschaftsleistung schwinden; einer der größten Reiseveranstalter ist gefallen. Allerlei exotische Flugzeuge sind jetzt von der Regierung gechartert worden, um gestrandete Landsleute zurückzuholen. Sogar ein gigantischer Airbus A380 ist dafür unterwegs. Operation „Matterhorn" nennt das politische London diese größte Evakuierungsoperation in Friedenszeiten. Weniger martialisch das Outfit der einsatzbereiten schottischen Hausfluglinie Loganair. Ihre Maschinen zieren die typischen Muster der Kilts, der lokal geschätzten karierten Herrenröcke. Oder wahlweise die blau-weißen Nationalfarben dieses nördlichsten Teils von Großbritannien.

Diese Region bietet – abseits der Plattenbauten und Industriegebiete – sagenhaft schöne Landschaften, etwa auf der Inselgruppe der Hebriden. Da lohnt es sich unbedingt, wie im Fond eines Kleintransporters zusammengepfercht, mit einem Propellerflieger weiterzureisen. Dröhnend steigt die Twinotter über Abbotsinch auf, lässt Paisley und das regennasse Renfrewshire hinter sich. Knapp eine Stunde dauert der Flug entlang des River Clyde, über den Meeresarm Loch Linnhe mit seinen schwarz wirkenden Wassern und schroffen Küsten sowie die im durchbrechenden Sonnenlicht grünlich-braun schimmernden Wiesen der Isle of Mull. Weiter hinaus geht die Tour in nur 3.000 Metern Höhe über die Hebridische See. Als westlichster Außenposten Schottlands im tosenden Atlantik taucht dort nach 226 Kilometern schließlich die Insel Barra auf. Diese Strecke ist eine von weltweit angeblich zwei, die beinahe täglich andere Startzeiten aufweisen, weil man nur mit den Gezeiten und bei Ebbe am Zielpunkt landen kann. Auf Muscheln und dem hunderte Meter weit ausgedehnten Schlick des Watts von Traigh Mhor setzt das Flugzeug furios auf. Das Terminal ist nicht größer als ein Zwei-Familien-Haus, mit einem hüfthohen Jägerzaun vor den allgegenwärtigen Schafen geschützt und herrlich zwischen Dünen gelegen. Mitten in dieser Einöde der kaum 1.000 Einwohner zählenden Insel sticht jetzt das Sonnenlicht hervor und bringt den eben als Landebahn genutzten Strand zum Glänzen. Es riecht nach Salz und Tang.

Keiner geht in Schottland verloren

Sturm und Drang
Von der Küste durch die Lowlands nach Glasgow, Schottland, 2019

Das spätsommerliche Licht bricht sich spektakulär in den Schönwetterwolken, die vom Westen, vom Atlantik herüberwehen. Lichtkaskaden tanzen über die grün-bräunlich gefärbten Hügel der Isle of Barra, die so sanft und geglättet daliegt, weil die letzte Eiszeit sie so fein in Form gebracht hat. Entlang weiter Täler stehen verteilt einzelne Bauernhäuser. Schneeweiß getüncht und wie auf einem Postkartenarrangement von blökenden Schafen umgeben. Einspurig windet sich die einzige Hauptstraße einmal um das gesamte Eiland, auf der mehrmals täglich der etwa 50-jährige Archie mit seinem Kleinbus eine Art öffentlichen Nahverkehr anbietet. Für kleines Geld kommen mit ihm die Leute zum Einkaufen und wieder nach Hause. Archie kennt sie alle und hat für Auswärtige gleich die besten Tipps in Sachen Dinner parat.

Obwohl zwischen Tieraufzucht und Fischereiindustrie auf den Hebriden-Inseln kaum Anlass für Hektik besteht, entlädt sich auf den Landstraßen eine überraschende Eile. Im Höchsttempo jagen die wenigen Fahrer in Kurven und über Serpentinen. Lediglich an ausgesuchten Haltebuchten können entgegenkommende Fahrzeuge passieren. Abseits geht es wunderbar entschleunigt zu in einem Umfeld, das – wie hier auf Barra – schöner kaum sein kann: felsige Landstücke bilden mit weiter draußen in der See steil aufragenden Inseln ein pittoreskes Bild, das vom rauschenden Meer umspült wird und jetzt vom Licht der Sonne goldenen gefärbt ist. Die Gischt des im Westen brausenden Atlantiks weht in feine Nebel zerstoben über Dünen mit borstigen Schilfhalmen. Ein Damm führt hinüber auf die kleine Schwesterinsel Vatersay. Mitten in der romantisch-wilden Naturidylle das Wrack einer in den 1940er-Jahren im Nebel verunglückten Militärmaschine. Im Hintergrund läuft die tägliche Autofähre vom schottischen „Festland" ein. Angeblich befindet sich die Reederei in Besitz jener Familie, deren Vorfahren das stattliche burgähnliche Gebäude im Hafenbecken des Hauptorts Castlebay gehörte. Kisimul Castle mit seinen massigen dunklen Steinquadern ist so etwas wie das Wahrzeichen der Insel Barra.

Mit den Strahlen der sich herantastenden Morgensonne scheint Castle-bay rot-orange zu glühen, da holt die Besatzung die Leinen der Fähre ein. Pünktlich steuert der Kapitän sein Schiff durch den Sandray Fjord zurück nach Osten. Die See wirkt ruhig und doch schwankt das für viele hundert Passagiere zugelassene Schiff in der schwarzen Gischt. Im Westen bleibt auch noch zwei Stunden nach dem Auslaufen der Heaval, der 384 Meter hohe Hausberg von Barra, in Sicht. Nach Norden tauchen irgendwann die auffallend schroffen Berge der Isle of Skye auf. Nach Osten die bläulich schimmernden Grampian Mountains von Nord-Schottland – und mittendrin, mit der Bugwelle der Fähre spielend, eine Horde kleiner Wale. Übermütig springen die schwarz-weißen Tümmler aus dem Wasser. Immer wieder fliegen sie für einige Sekunden regelrecht über das Meer, ehe sie wieder klatschend darin eintauchen und in den Tiefen verschwinden. Über all dem ein dunkelblauer Himmel, an dem nur einige dramatische Regenzellen in der Ferne vorüberziehen. Die inzwischen hoch aufgestiegene Sonne zaubert schillernde Regen-bogen über diese scheinbar unendlich weite, erfrischend leere Inselwelt.

Der Hafenort Oban erweist sich als wesentlich urbaner als sich aus der Distanz hatte vermuten lassen. Von hier aus schickt die kaledonische Reederei ihre Fähren auf sieben Routen aus. Die Hafenstadt ist eine Art Drehkreuz für Verbindungen auf die vorgelagerten Inseln, die Inneren und die Äußeren Hebriden. Das erklärt die Vitalität am Platz: Bei bestem Wetter zieht es Stadtbevölkerung und Gäste in Scharen an die Ufer-promenade, wo man dem Dudelsackspiel eines 14-jährigen Knaben lauschen und dabei weißes Softeis oder lokal produzierte Toffees genießen kann. Während der quäkend-sonore Sound schottischer Weisen zusehends im Geschrei der flatternden Möwen und im Straßen-lärm untergeht, ziehen die umliegenden Häuser das Publikum in ihren Bann. Lauter Prachtbauten aus der Victorianischen Zeit und kühne Art-Deco-Fassaden, hinter denen einmal mondäne Kurhotels Gäste empfin-gen, sowie die für Großbritannien so verbreiteten grauen Mauern aus Sandsteinquadern. Es riecht nach Meer, nach Tang und Fisch. Passend dazu serviert eine engagierte Teenagerin im nächstgelegenen traditionellen Pub die so beliebten „lovely Fish&Chips". Im Butterteig frittierte Kabeljaufilets mit Pommes Frites, Remoulade, Essig und Ketchup. Garniert mit einer Kelle grüner Erbsen, um den Anschein zu wahren, man nehme eine gesunde Mahlzeit zu sich. Zu diesem kulinarischen Fettpfropfen bestellt man sich am besten ein hochprozentiges, frisch gezapftes Ale vom Fass, um der Verdauung auf die Sprünge zu helfen. Und um die bald schon startende Zugfahrt nach Glasgow gut überstehen zu können.

Zwei dunkelgraue Triebwagen, das ist der ganze Zug, der sich vom Dieselmotor dröhnend getrieben am Nachmittag aus dem winzigen Bahnhof von Oban schiebt. Wie in einem Bus muss sein Fahrer anscheinend Kupplung und Gaspedal bedienen, um das Ganze bergan zu bewegen. Weiter unten bleibt das hübsche Hafenstädtchen zurück, dahinter als Abschiedsgruß die glitzernden Ausläufer der Seeenge Firth of Lorn und die Hebridische See. Landschaftliche Höhepunkte folgen: der 1.126 Meter hohe Ben Cruachan, die für Schottland schon fast zum Klischee gewordenen Burgruinen inmitten eines tiefgrünen Moorgebietes bei Dalmally, der Binnensee Loch Lomond sowie der Nationalpark Trossachs. Lautstark diskutierende Burschen mit kurz geschnittenem Haar und dem Alkohol nicht gänzlich abträglich erinnern noch während der gemütlichen Fahrt an den durchaus raubeinigen Charakter dieser Region und seiner Städte, eben „rather raw". Keinesfalls wollte man nähere Bekanntschaft mit einer dieser stämmigen Männergruppen machen.

Genau das schien bei der Ankunft in Glasgow offenbar einem übermütigen Hippster zum Verhängnis geworden zu sein. Auf dem Bahnsteig der Station Queen Street ist die Polizei zur Stelle, um den jungen streitbaren Hänfling von einer Gruppe Männer – ähnlich kahlgeschorene wie jene im Zug – zu trennen. Es hatte offenkundig Pöbeleien und Rempeleien im Gedränge des geschäftigen Bahnhofs gegeben. Nun ist alles geschlichtet und einer der Glatzköpfe verabschiedet sich schulterklopfend von den Bobbys. Draußen ist der Tag bereits mit einem dramatischen Sonnenuntergang über dem Hausgewässer River Clyde ins Dunkel gefallen. Auf Glasgows Straßen herrscht unter gelbem

Kunstlicht Hochbetrieb. Das deckt die gröbsten Verletzungen eines entbehrungsreichen, grauen Alltags ab. Und während sich zwischendrin die Berufstätigen aus den umliegenden Kaufhäusern der Innenstadt allmählich in den Feierabend verabschieden, bringen sich zeitgleich Jugendliche – oder Leute, die sich dafür halten – in Stimmung für eine aufregende Samstagnacht. Knapper als zuträglich zeigen propere Ladys stramme Schenkel unter handbreiten Pettycoats, leisten sich blondierte 40-Jährige in überraschend dünnem Tüll ein Taxi, kauern verwahrlost wirkende Trinker in der Gosse einer schmuddeligen City. Ein paar Schritte nur hinüber ins Westend, ein kurzes Stück nur bergan – der schrille Trubel des Alltags bleibt zurück. Mondän wird es rund um den Park Circus, ein an eine riesige Torte aus weißem Sandstein erinnerndes städtebauliches Ensemble, vor rund 100 Jahren errichtet. In herrschaftlicher Kulisse stehen reihenweise teure Autos geparkt. Und just in dieser Oase des Wohlstands, hoch über Glasgow, residiert die örtliche Jugendherberge. Sie bietet nicht nur verhältnismäßig kostengünstig ein Quartier, sondern auch Einblicke hinter die Fassaden des Viertels: fünf Meter hohe Decken, opulent geschmückte Treppenhäuser aus dunklem Holz und mit dem Licht aus prächtigen Kronleuchtern geschmückt.

Entertainment beim Glasgow-City-Lauf

On the run
Glasgow, westliche Lowlands, Schottland, 2019

Bleiern lastet der Morgen über Glasgow. Im Süden, irgendwo in der Nähe des Vorortes Paisley, geht in dunklen Schlieren ein heftiger Schauer nieder. Nasskalte Luft weht durch das riesige Schiebefenster des Zimmers im dritten Stockwerk an der Woodlands Terrace. Dahinter breitet sich die schottische Metropole aus. Sie ist einer der wenigen Orte im Vereinigten Königreich, der während des Zweiten Weltkriegs von Bombenangriffen verschont geblieben ist. Doch in den 1960er- und 1970er-Jahren wurde hier allerlei unternommen, um der Stadt ihre Originalität auszutreiben. Allen voran schneidet die M8 eine Schneise durch die City. Die sechsspurige Autobahn reißt die Innenstadt Glasgows in zwei Teile und sorgt selbst noch in der Ferne für eine beständige Lärmkulisse. Drum herum allerlei zementierte Bauwerke aus derselben Epoche eines auf Automobile zugeschnittenen Fortschritts. Waschbeton und modernistischer Brutalismus. Mit dem Tageslicht kommt ringsum zur Geltung, was am Abend zuvor noch nicht zu erkennen war: Die bedrückende Kulisse einer vom Niedergang der ehedem weltgrößten Schiffbauindustrie gezeichneten Stadt. Auf Glasgows Einkaufs- und Amüsiermeile, der Sauchiehall Street, haben übermütige Gemüter unübersehbar randaliert. Schaufensterscheiben sind von Faustschlägen in Stücke gesprungen, Bier- und Schnapsflaschen liegen zerschmettert im Rinnstein, den die Verwaltung mit einem gut markierten Fahrradweg in die neue, grüne Epoche einer nachhaltigen Stadtorganisation hatte überführen wollen.

Von irgendwoher dringen Lautsprecherdurchsagen. Rund um den zentralen George Square machen sich Zehntausende für einen sonntäglichen Stadtlauf bereit. Halb Glasgow ist dafür abgesperrt worden. Bunt verkleidete Gruppen heizen musizierend bald schon vom Straßenrand den sportlich Aktiven ein, die Meile um Meile entlang der sonst so farblosen Innenstadt rennen. Entlang der Laufstrecke jubelnde Passanten, Zuckerstangen, Marshmallows und Bürgerfest. Der „Glasgow City Run" verschafft der Stadt etwas Fröhliches, Gelöstes. Und ruhiger als sonst ist es auch: die meisten Autos müssen heute draußen bleiben. Die übliche Betriebsamkeit und „business as usual" herrschen trotz der sportlichen Großveranstaltung nur im Hauptbahnhof. In der von historischen Holzbuden geprägten Haupthalle – der markanten Central Station – warten hunderte Reisende auf ihre Abfahrt. Über den Köpfen der Passagiere flimmern großformatige Fernsehschirme. Die Regierung hat dort – sicherlich kostspielig – Sendeplätze reserviert, um aufmunternde Botschaften für den binnen weniger Wochen anstehenden Brexit öffentlichkeitswirksam zu platzieren. Immer wieder erscheinen die Botschaften „Brexit bringt Veränderungen für die Geschäftswelt – machen Sie sich fit dafür" oder „Sei bereit für den Brexit unter www.gov.uk".

Dem Land ist auf dem riskanten letzten Stück in die gesellschaftspolitische Unabhängigkeit von der Europäischen Union nur alles erdenklich Gute zu wünschen. Die politischen Leitlinien für dieses Unterfangen bleiben dem Reisenden an diesem schottischen Spätsommertag unklar.

Undurchsichtig auch, woher dieses Volk seine scheinbare Gelassenheit im Angesicht einer mutmaßlichen wirtschaftlichen Talfahrt nimmt. Die bereits außer Dienst gestellten grau-gelben Jets der Thomas Cook Airways draußen am Airport Abbotsinch könnten eine Mahnung sein.

.